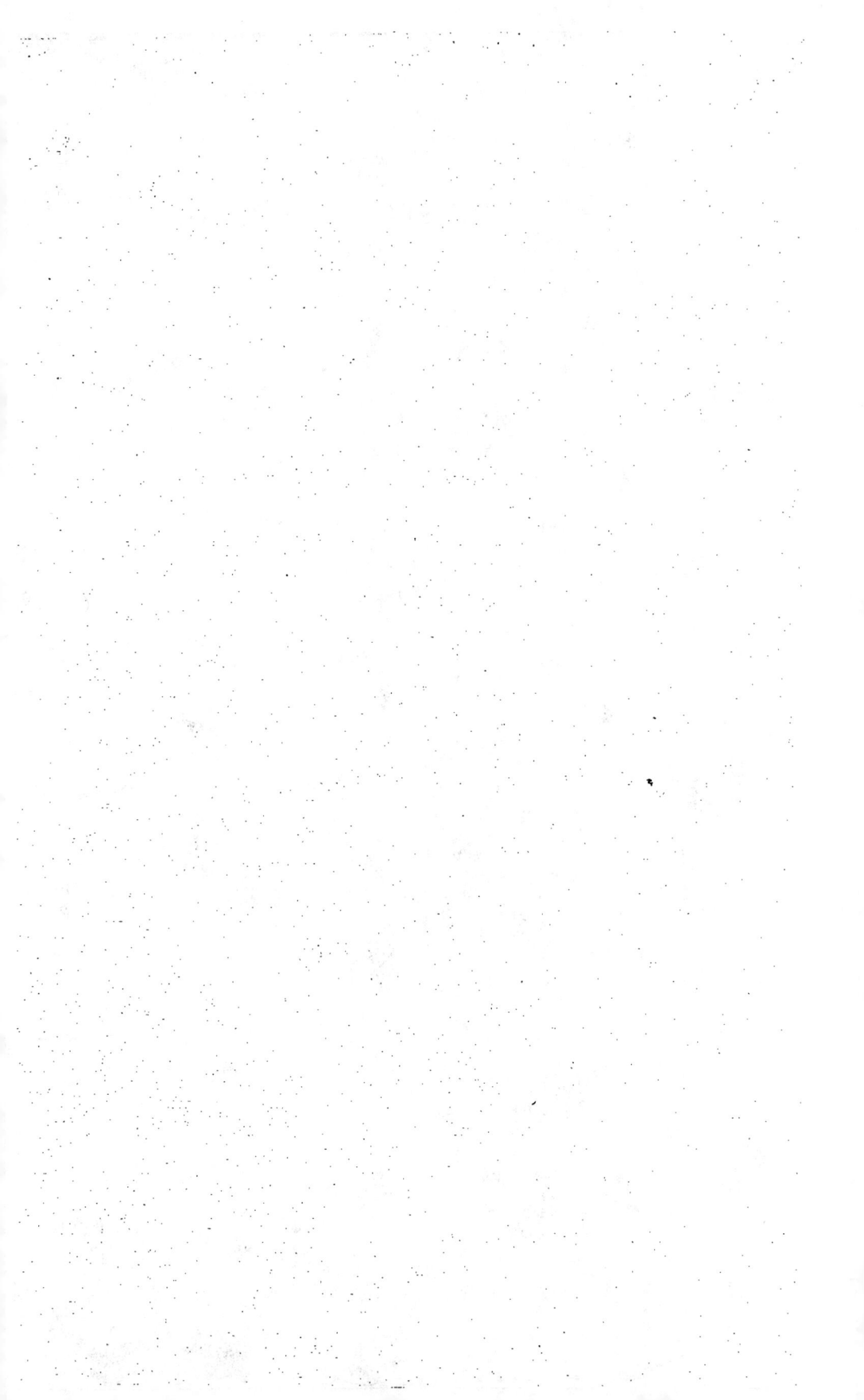

Mlle H. DE BELLECOMBE

# LES DENIS

## UNE FAMILLE BOURGEOISE

### DE L'AGENAIS

DU XVIIe AU XVIIIe SIÈCLE

PARIS

LIBRAIRIE FISCHBACHER

(SOCIÉTÉ ANONYME)

33, RUE DE SEINE, 33

1894

# LES DENIS

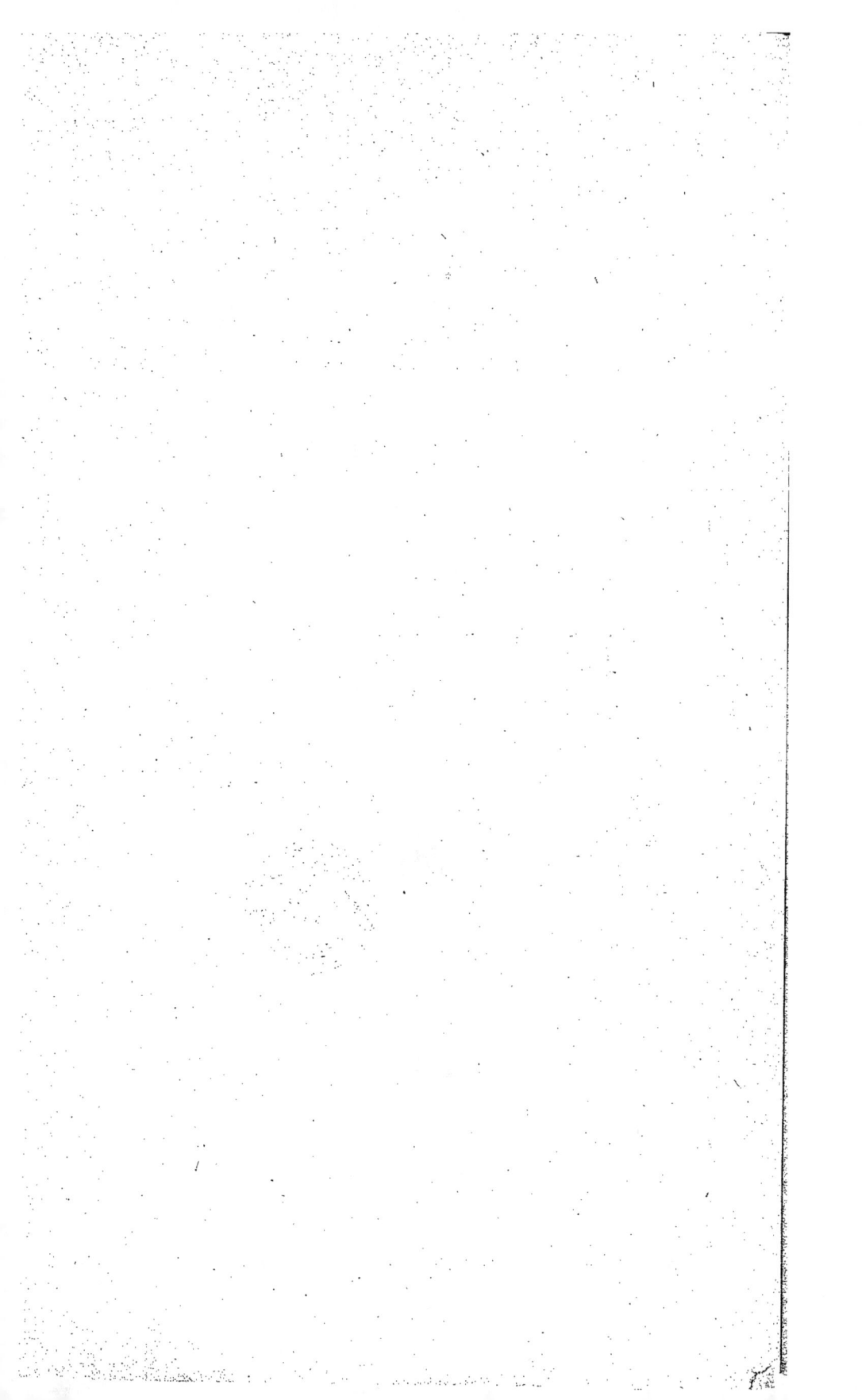

# LES
# DENIS

---

## UNE FAMILLE BOURGEOISE

### DE L'AGENAIS

DU XVII<sup>e</sup> AU XVIII<sup>e</sup> SIÈCLE

PAR

### M<sup>lle</sup> H. DE BELLECOMBE

PARIS

LIBRAIRIE FISCHBACHER

(SOCIÉTÉ ANONYME)

33, RUE DE SEINE, 33

1894

STRASBOURG, TYPOGRAPHIE DE G. FISCHBACH — 2917

# A MA MÈRE

*Qui a sauvé d'une perte totale les anciens actes et parchemins d'où j'ai pu tirer les indications nécessaires, qui en a commencé le classement,*

    *ce livre est dédié*

H. DE BELLECOMBE

*Juin 1893.*

# LES DENIS

## UNE FAMILLE BOURGEOISE DE L'AGENAIS

DU XVIIᵉ AU XVIIIᵉ SIÈCLE

―――――◆‑‑‑◆―――――

## INTRODUCTION

~~~~~~~~~~

Les savantes recherches entreprises par M. de Ribbes et par M. L. Perey, pour reconstituer sous nos yeux, d'une façon saisissante, la vie usuelle dans les siècles passés, ont éveillé le goût de ces détails rétrospectifs. L'élégance de leur plume, le choix des faits et des récits les ont rendus maîtres dans cette évocation d'une société disparue. La lecture des ouvrages de ces savants m'a fait attacher plus de prix à de vieux papiers longtemps enfouis dans un grenier. Parmi le peu qui a échappé à la destruction des hommes et des rats, s'est trouvé nombre d'anciens contrats de vente, d'obligations, d'actes de mariage, testaments, assignations, etc., concernant des familles de la ville de Clairac et des environs ; ces documents proviennent de l'étude ou office, selon le mot du XVIIᵉ siècle, de Maître Freron, notaire royal de Clairac en Agenais. Dans ces papiers une suite assez longue de lettres de famille et d'affaires, de contrats, partages, inventaires, procès, se rapportant tous à la même famille bourgeoise et protestante du nom de Denis, nous a donné l'idée de les rassembler.

Ces Denis s'allièrent aux Freron, ce qui explique la présence dans leurs archives de beaucoup d'actes notariés étrangers à leurs affaires particulières. L'office passa de père en fils chez les Freron depuis 1515 jusqu'en 1721, date de la mort du dernier Freron. C'est l'histoire de la famille Denis que j'essayerai de raconter, comme un spécimen de la vie, un siècle et demi avant la Révolution, de commerçants aisés dans une ville de province du Midi.

Une plume plus habile et plus exercée pourrait tirer un roman très attachant des lettres de famille de ces bourgeois de Clairac ; l'action se passe en

·Hollande, mais comme les réponses aux lettres de celui qui serait le héros du roman manquent, je me borne, dans mon inexpérience, à laisser parler les acteurs le plus possible, ne faisant que rattacher par quelques réflexions les lettres trop espacées.

# PREMIÈRE PARTIE

I

Avant de parler des Denis, dont la première trace se
trouve en 1648, disons un mot de la ville de Clairac à
cette époque. Bien plus important qu'aujourd'hui, Clairac
en 1648 se souvenait encore du siège soutenu contre
Louis XIII (1621); ses environs se remettaient peu à peu
des ravages de la guerre, ses murs étaient en partie
détruits comme sa citadelle. Des troupes circulaient
encore; une compagnie laissée sous la garde de M. Pigeon de Lamothe, capitaine des gendarmes de Monsieur, loge à Clairac; elle est fournie de tout ce qui lui
est nécessaire pour son départ, par les habitants. *Ordre
du duc d'Épernon à M. de Lamothe* [1].

En 1693, une compagnie du régiment de Montalet
commandée par M. de Coussan, séjourne à Clairac

[1] En 1685, un ordre du roi signé Louis, contre-signé Louvois, ordonne
d'envoyer deux compagnies du régiment Duplessis-Bellièvre à Clairac. Les
soldats seront logés chez l'habitant et leur dépense payée.

du 1<sup>er</sup> octobre au 20 novembre. Les soldats sont logés chez l'habitant; M<sup>lle</sup> Denis est portée comme logeant deux dragons à 2 livres 9 sols. Les reçus des dépenses de cette compagnie sont signés: chevalier des Murs.

Les remparts de Clairac existaient en partie, mais le fort était rasé et laissait une place vide autour de laquelle on avait recommencé à construire. L'Abbaye, encore existante, s'étendait probablement davantage, et bien des maisons s'élevaient autour d'elle du côté de la rivière; elles y sont descendues peu à peu par suite des courants.

Cette Abbaye, occupée par un petit nombre de religieux, dépendait du chapitre de Saint-Jean-de-Latran. Presque tous ses abbés venaient d'Italie; ils portaient le titre de seigneur et exerçaient la justice dans la juridiction de Clairac; les cures des environs et les habitants de la juridiction leur payaient la dîme.

Les abbés de Clairac affermaient leurs revenus temporels à des bourgeois de Paris. Les sieurs Jean Prevost et Cornail en ont été longtemps les fermiers, ils sous-louaient le droit de percevoir les revenus à des habitants de Clairac.

Pendant un temps, les Denis affermèrent ainsi les dîmes de Galapian; Freron, Bachan, Chapelou et autres bourgeois de Clairac furent longtemps chargés de recouvrer les dîmes dans différentes paroisses. Ils eurent de nombreux règlements avec le sieur Prevost à la suite

Vue supposée de la ville de Clairac avant 1622.

des orages et des grêles qui ravageaient les récoltes; les fermiers décimaux aussi bien que les propriétaires demandaient un dégrèvement, ne pouvant faire rentrer l'argent quand la récolte manquait.

En dehors de l'Abbaye qui avait sa chapelle, Clairac se divisait en deux paroisses et avait deux églises: Saint-Pierre comprenant le côté de la rivière et le faubourg de Longueville, Saint-Martin comprenant la ville haute; cette paroisse n'existe plus. Clairac possédait aussi un hôpital et une commanderie qui ne dépendaient pas, croyons-nous, des abbés. L'existence de cette commanderie ressort d'un acte de 1648 par lequel Me Bertrand de Bertrandy, clerc tonsuré, secrétaire de Mgr le duc d'Épernon, réclame comme procureur d'autre Me Bertrand de Bertrandy, prêtre du diocèse de Toulouse, la possession de la commanderie et de l'hôpital à Me Pierre Dufoat, curé de Marsac.

Cette commanderie avait, à l'entour, des jardins et masures qui sont revendiqués par les Bertrandy. Il y a deux actes dans la même année pour cette revendication, mais le mauvais état où les rats et le temps les ont mis n'a pas permis de tout déchiffrer; nous ne pouvons préciser la place qu'occupaient cet hôpital et cette commanderie, restes évidents du séjour des Templiers qui avaient un établissement, entre Clairac et Villeneuve, au lieu dit encore: le Temple. Un plan de Clairac au XVIIe siècle nous a manqué pour bien des renseignements.

Voici les noms des abbés seigneurs de Clairac trouvés dans ces papiers:

1664 Messire Jacques de Campo.

1668     »     Jean-François Vedasqui.

1670     »     François de Tilly.

1674     »     Jacques de Campo.

1676     »     »    »    »

1683     »     Vedasqui.

1744     »     Antoine Piazza.

1781     »     Augustin Anselme.

D'après ces dates, il paraît que les abbés étaient élus pour une période de trois ou quatre années et rééligibles après un certain temps. En 1655, Messire François Dezeuillard ou Desguillard est économe et vicaire général de l'Abbaye; en 1730, un abbé Vendemin, économe probablement, signe des reçus de dîmes. Le représentant des seigneurs abbés pour la justice civile et criminelle a été pendant longtemps M. Nogaret de Praissac; les abbés avaient aussi un procureur général pour leurs procès et discussions au sujet des dîmes; Mallère, notaire de Clairac en 1676, eut cette charge.

Clairac possédait aussi un temple protestant et plusieurs pasteurs, comme il appert de la réclamation de Jacob Chapelou, marchand, membre du consistoire, faite à M. de Terson, ministre, et en sa personne aux autres

ministres et membres du consistoire. Le temple
avait des lecteurs qui se plaignent souvent de ne pas
être régulièrement payés. M. Lafargue d'Auxdouët fut
un des pasteurs de la région; Lacépède avait aussi un
temple et un pasteur.

## II

Malgré les guerres civiles, cette région de l'Agenais était fertile et peuplée; riche même, si l'on en juge par le nombre des propriétaires fonciers, par les nombreuses paroisses situées autour de Clairac, et les industries diverses. La ville renfermait des fabriques de soie, des tanneries, des distilleries; une batellerie très active entre Toulouse, Villeneuve, Bordeaux; une quantité de tisserands, de fourbisseurs, brassiers, de chirurgiens, praticiens, notaires et tabellions, marchands de blé, vin et prunes. Ces marchands étaient en communication avec Marseille, Montpellier, Toulouse, Bordeaux; par cette dernière ville ils commerçaient avec l'Angleterre et la Hollande, où ils envoyaient du vin, du tabac et des prunes. Ces deux dernières denrées ont toujours été une source d'abondants revenus pour le pays.

Beaucoup de familles anciennes ou nobles, éteintes presque toutes à notre époque, résidaient une partie de

Vue de la rue de la Puzocque.

l'année dans le quartier bâti autour de l'Abbaye, dans la rue de la Puzocque principalement. Cette rue, existant encore sous le même nom, a conservé son attribution de petit faubourg Saint-Germain jusqu'au milieu de ce siècle; les dernières familles y possédant les maisons paternelles les ont alors complètement abandonnées pour la résidence continue à la campagne. Entre les grands murs gris, qu'enguirlandent çà et là les rameaux du jasmin ou de la vigne, règne la solitude; aucune main n'écarte le volet désormais fermé, aucune figure ne sourit derrière les vitres où paraissait autrefois l'élégante coiffe de dentelle des dames de Clairac, leurs socques de bois ne frappent plus les petits pavés pointus que nos pieds modernes trouvent insupportables.

Parmi les familles nobles qui au XVII<sup>e</sup> siècle habitaient ce quartier, se trouvaient les de Molery, seigneurs de Choisy, possédant des biens entre Clairac et Aiguillon; les Salomon de Bar, branche de la famille des barons de Mauzat; les de Maleprade sieurs de Caussinat et de la Bordeneuve; plusieurs de ces familles n'existent plus. Les Balguerie, bourgeois de Clairac, habitaient aussi ce quartier; plus loin résidaient les Freron, les Bachan, les Denis, les Penettes, les Sageran, Daussinanges, Labat, tous bourgeois et marchands de Clairac. Les Freron, les Labat et les Balguerie eurent les honneurs du consulat avec les de Laguehay; ceux-ci exercèrent des charges à la cour d'Agen et au judiciaire de Clairac, de même que les Labat. Vers la fin du XVII<sup>e</sup> siècle les Labat s'intitulent sieurs de Vivens, par la possession du domaine de ce nom.

A la date de 1648, la paix de Westphalie venait d'être signée, et le royaume de France entrait dans une période de grandeur qui ajoutait à sa prospérité. C'est à cette date favorable que commence pour nous l'histoire de la famille Denis. Dès ce temps ses membres jouissaient d'une certaine ancienneté, d'un bon renom, étant pris souvent par leurs concitoyens comme témoins ou arbitres, et qualifiés de bourgeois dans les actes publics.

La première personne du nom de Denis mentionnée dans les vieux papiers est une femme: Marie Denis, veuve de Monsieur, M. Jacques Vivant de Launay[1], ancien conseiller du Roy à la cour et parlement de l'Édit de Guienne; elle habite chez son mari dans la juridiction du Puy de Gontaud, sénéchaussée d'Albret. Marie Denis a un procès avec les frères Carmentrand, habitants de Lafitte, et leur envoie une sommation; elle signe cette sommation, ce qui dénote un certain savoir trop souvent dénié à ses contemporaines; au reste nous verrons par cette histoire que bien des bourgeoises de Clairac savaient écrire, compter et mener le commerce de leurs maris en leur

---

[1] Un Geoffroi de Vivant, capitaine du roi de Navarre, commandait pour lui à Caumont en 1585. Était-il un ascendant de l'époux de Marie Denis ? (Revue de l'Agenais juin 1891 : *Agen pendant les guerres de religions* par M. Tholin).

absence. Cet acte de sommation est passé par Duvignau, notaire royal de Gontaud, et signé avec Marie Denis par lui et deux témoins « marchands du présent lieu »; l'un de ces témoins s'appelle Barthélémy de Ladébat.

Après Marie Denis, vient dans la même année, Paul Denis, père ou frère de la précédente. Il est qualifié de « sieur bourgeois et marchand de Clairac, » dans sa réclamation à Monsieur, M. Jean de Lesparres, juge à l'ordinaire de Clairac. Cette réclamation porte sur une revision de comptes; le juge était chargé avec un arbitre de liquider la société Denis Descomps et Paul Lavau, société formée pour l'achat des vins, et interrompue par la mort de Pierre Descomps.

En 1649, devant le même juge, Jean de Lesparres, Marie Vivant obtient une condamnation contre les sieurs Jean, Pierre et Daniel Viaux. Trente ans plus tard, en 1679, un Moïse Chambon, bourgeois de Bordeaux, fils d'une Marie Denis, vient épouser à Clairac une Jeanne Borderie, fille d'un praticien; tous deux sont protestants. Les Chambon étaient originaires de Clairac; il serait possible que Marie Denis fût la veuve Vivant de Launay, remariée à un Chambon; toutefois ce n'est qu'une supposition, les noms de baptême se perpétuant dans la même famille jusqu'à être portés par les deux sœurs ou frères à la fois. A ce contrat signent plusieurs Denis; la mère du marié d'abord, puis Rachel, Judith, Sybille et Élisabeth Denis, un Abel Denis et deux autres Denis

sans prénoms qui doivent être : un Paul cité plus haut,
et l'autre Jean, frère d'un Abel décédé en 1677. Ce dernier, père de Judith et Rachel Denis, nous le retrouverons
tout à l'heure, ainsi que son frère Jean.

Paul Denis a en 1650 une contestation avec un Lapauze,
au sujet du bien de Chantes situé dans la juridiction de
Clairac. Ce bien avait été légué à Paul Denis par Jeanne
Villesauvès. On retrouve Paul comme témoin, signant
un acte fait pour dame Isabeau Saffi, veuve de Salomon
Verdier en 1654. Il sert aussi de procureur à Jeanne
Lomon, veuve de Moïse Lafargue, pour recouvrer le
loyer d'une maison de Maubourguet, faubourg de Clairac.
L'acte de procuration est daté du « onzième février 1651 »,
retenu par Freron, notaire ; il est signé de Paul Denis. Il
est aussi témoin de Balguerie dans son différend avec
noble Élie de Maleprade, sieur de Caussinat. Ce dernier
voulait bâtir sur un emplacement au devant de la maison
Balguerie, lui ôtant l'air et l'espace nécessaire autour
d'une maison. Balguerie fait faire une enquête pour
prouver son bon droit. Ces divers appels au témoignage
des Denis montrent l'estime en laquelle était tenue la
famille dans Clairac.

Une demoiselle Denis, Marthe, veuve de Pierre Lannoy,
est représentée par Pierre Choppis, marchand, dans un
différend avec les consuls de Grateloup 1657 ; elle est
qualifiée « d'administresse » de ses enfants. Il s'agit d'une
accusation de violation d'arrêt, l'acte est passé chez

Maisons dans la rue de la Puzocque.

Freron, les consuls sont représentés par Jean Degalz (famille de Tonneins). Ils invoquent pour leur défense le témoignage de M. Daniel Silvestre, leur procureur à Bordeaux.

Une autre Denis, Élisabeth veuve de Jacob Rauzan, créancière des enfants Chambon, ses neveux, donne un reçu de quittance devant Mᵉ Freron au tuteur des enfants, M. Fazas, avocat à la cour, écuyer sieur de Fanol[1]. Ces enfants Chambon sont évidemment les fils de Marie Denis, dont l'un épouse Jeanne Borderie en 1679; Élisabeth, qui signe au contrat, doit être la sœur de Marie; on ne peut que faire des conjectures sur les liens de parenté qui unissent ces deux Denis avec Paul, Jean ou Abel Denis; il n'existe de certitude que pour Abel et Jean; ceux-ci sont frères. J'ai présumé que Paul était un autre frère; c'est pourquoi j'ai dressé leur généalogie comme on la voit à la page suivante. Je n'y mentionne pas les Denis de Bordeaux, n'ayant aucun renseignement pour les rattacher à ceux de Clairac, dont ils sont pourtant parents. Il y a eu un abbé Denis en 1689, appartenant sans doute à la branche de Bordeaux restée catholique. En 1690, dans une affaire portée à la Bourse de Bordeaux par Orliac, marchand de Clairac, figure Messire Étienne Denis, conseiller à la cour et parlement de Bordeaux;

---

[1] Un Fazas est cité comme notable de Tonneins, en 1317, dans l'histoire de cette ville par M. A. Lagarde.

de lui descendent vraisemblablement les Denis de Saint-Savin et les David Denis, grands négociants de Bordeaux. Ces deux branches écrivent en parents à ceux de Clairac; un des membres de celle des David Denis s'établit en Hollande; elle s'éteignit avant les Denis de Saint-Savin, qui traitent les Denis de Clairac de cousins et ont encore des rapports avec eux en 1737.

# GÉNÉALOGIE DES DENIS

## DEPUIS 1648

**Marie Denis**
dame Vivant de Launay, résidant à Gontaud.

**Paul Denis**
bourgeois et marchand de Clairac.

**Jean Denis**
bourgeois et marchand de Clairac, frère de

**Abel Denis**
bourgeois et marchand de Clairac, marié en 1641 à Marie Coullé
épouse en secondes noces 1654 Marie Aché
meurt en 1677, du second mariage.

---

**Pierre Denis**
militaire en Flandre 1693, puis fugitif du royaume, se fixe, à Dublin 1699, y réside encore en 1721.

**Jean Denis**
épouse Marthe Freron 1701 meurt en 1743

**Jeanne**
mariée à Daniel Brustis bourgeois et marchand de la Gruère 4 ou 5 filles qui ont plus tard des procès avec les Denis de Clairac.

**Judith**
épouse Caubet marchand de Clairac deux enfants dont un fils négociant à Bordeaux.

**Rachel**
épouse Penettes va à Bordeaux enfants inconnus.

**Marthe**
épouse en 1785 Glavy chirurgien de Clairac, meurt. Un fils mort adolescent.

---

**Jean Denis**
va en Hollande en 1719 s'y marie avec Magritta Pallée 6 enfants. Elisabeth élevée à Clairac, morte au commencement du XIX° siècle Jean, Pierre, trois inconnus ceux-ci restés en Hollande.

**Jean-Jacques**
né 1708
épouse en janvier 1743 Henriette Pomiès veuve Brossard de La Poupardière meurt vers 1789, de ce mariage.

**Jeanne-Judith**
non mariée

**Jeanne-Judith**
non mariée
l'une, ou toutes les deux furent enfermées pour un temps, dont nous ne connaissons pas la durée, au couvent des Filles de la Foi à Clairac, comme filles de protestant. Une d'elle meurt le 16 messidor au V° de la république (août 1798), étant la dernière survivante des quatre enfants de Jean Denis et Marthe Freron.

---

**Denis**
né en 1743, épouse une demoiselle de Bordeaux en 1774 et meurt en 1776 pas d'enfants.

**François**
dit Lalande épouse Mlle Couderc. Meurt en 1821 enfant inconnu.

**Marie-Henriette**
épouse Javel bourgeois et marchand de Castelmoron 1782 une fille.

**Judith**
épouse Balguerie bourgeois et marchand de Clairac vers 1782, veuve en 1802.

**Marie-Henriette**
dite Lesparilles, épouse en 1782 ou 1783, Jean-Jacques de Léaumont habitant Castille; trois filles, dont deux meurent de la petite vérole avec leur mère en 1792.

# III

Abel Denis, dont descendent tous les autres Denis qui vont nous occuper, épouse en secondes noces (1654) Marie Aché. La famille Aché, bourgeoise et riche, paraît avoir tenu dans le bourg de Lafitte une situation égale à celle des Denis à Clairac. De ce mariage naquirent huit enfants ; nous ne parlerons que de ceux inscrits sur le tableau généalogique, n'ayant aucune donnée sur les autres.

Soit volontairement et par goût, soit par ordre ou nécessité, l'aîné des fils d'Abel Denis, Pierre, prend le métier des armes. En 1695, il est à Gand dans un régiment de l'armée de Flandre ; de là il écrit à sa mère et à son frère leur annonçant son entrée en campagne ; il les remercie de leur dernière lettre de novembre 1694, qui lui a porté de bonnes nouvelles de leur santé, dont il se réjouit. Pierre exhorte sa mère à agir avec prudence dans son commerce, à ne pas se porter caution pour les autres, afin de ne pas compromettre le peu de fortune qu'elle possède. (Marie Aché faisait des affaires avec ses gendres.) Dans sa lettre, Pierre Denis en envoyait une de M. Pujols, un de ses camarades, pour M^{lle} Pujols avec recommandation de la lire d'abord en grand secret à M. et M^{me} Pujols père et mère, ensuite de la faire tenir cachetée à leur fille, afin qu'elle ne se doute pas de la voie par laquelle elle lui arrivait et qu'on en eût déjà pris connaissance; Pierre recommande le plus grand secret pour cette commission. Il termine sa lettre en priant Dieu « de bénir le petit commerce » de sa famille. En post-scriptum, il dit à son frère de prier M. Pommarède d'écrire à son fils au même régiment. Ce fils envoyait de ses nouvelles par Pierre, qui ajoute: « écrivez autant pour moi que pour le petit Pommarède. »

Les Pommarède ou La Pommarède étaient de Lafitte, liés sans doute avec les Aché. Des membres de cette famille ont été notaires à Lafitte, avocats et conseillers à la cour d'Agen.

Une autre lettre de Pierre Denis, datée de Dublin 1699, informe sa famille que le régiment est cassé. N'étant pas rentré en France à la suite de ce licenciement, Pierre est regardé comme fugitif du royaume pour cause de religion. Pierre demande à sa mère de l'argent ou des marchandises pour s'établir à Dublin; il se plaint d'être resté très longtemps sans avoir aucune réponse à ses lettres, et demande si sa famille a quelques griefs contre lui. Il est logé à Dublin chez un M. Labarthe, un compatriote évidemment. Cette lettre passe par les mains de M. Aché, « marchand » à Bordeaux, avec cette mention sur un angle du papier : « par un ami que Dieu conduise ».

Pierre demande aussi une douzaine de chemises, « ayant été portées », afin d'éviter les droits, le linge étant très cher en Angleterre. En digne fils de négociant, il n'oublie pas de donner le cours des eaux-de-vie et des prunes, celles-ci de « 11 à 18 shillings le quintal ». Pierre Denis reste, croyons-nous, sa vie durant à Dublin ; il y est encore en 1721, mais nous ne savons pas s'il y fonde une famille.

On peut voir sur le tableau généalogique le mariage des quatre filles d'Abel Denis ; nous n'avons guère d'autres détails sur ces unions ; de deux autres enfants mentionnés dans un acte, dont un Abel qui signe au contrat de 1679, nous n'avons aucune trace.

Le père Abel Denis faisait le commerce ; en 1660, il est en relations avec un M. Leabus. Le fils d'Abel continua ses relations ; en 1720 il prête à un Leabus de quoi acheter la maison de la veuve Allègre, débitrice de M. Jacob de Maleprade, sieur de la Bordeneuve, avocat au Parlement. En 1672, Abel Denis remet entre les mains de MM. de Labat, créanciers du sieur de Pomnios, un dépôt d'argent qu'il avait eu en garde. Cette

remise est faite à la demande d'Ester de Massaq, damoi-
selle, veuve dudit Pomnios; soit reste de ce dépôt ou
pour son compte personnel, Marie Aché, veuve Denis,
se reconnaît en 1680 débitrice du sieur Jean de Labat,
bourgeois et marchand de Clairac; elle passe avec lui,
devant Me Freron, notaire, un contrat d'obligation, assis-
tée de son gendre Brustis, marchand au Mas [1].

Abel Denis meurt en 1677; sa veuve présente, la
même année, une requête à Mgr de Bazin, chevalier seigneur de Bezons, conseiller d'État ordinaire de Sa Majesté,
son intendant de justice, police et finance en la généralité de Guyenne. Cette requête a pour but de remontrer
que sous le prétexte de la sortie du royaume d'un fils
d'Abel Denis, «regardé à cette cause comme fugitif religionnaire», on menace sa mère de lever une taxe sur la
part des biens paternels devant revenir à ce fils. Cette
taxe est injuste et inutile, déclare Marie Aché, vu le testament de son mari, qui la laisse seule usufruitière de ses
biens-fonds; les biens d'Abel Denis ne couvrant pas
l'avoir de la femme, le fils se trouve ne rien posséder.
De plus, en admettant que les biens d'Abel soient par-
tagés entre ses huit enfants, ces huit parts ne donneraient
pas un revenu suffisant pour subir la taxe; à supposer
le partage, il ne reviendrait au sieur Pierre Denis que
cinq ou six cents livres.

[1] Petite ville sur la Garonne en-dessous de Tonneins.

D'après cette requête, les immeubles délaissés par feu Abel Denis sont les suivants :

1° Une maison située à Clairac (on ne dit pas le quartier), estimée — elle a été payée en partie par des aquets . . . . . . . . . . . . . 1000 livres.

2° Une grange avec 22 cartonnats[1] de terre ou prés, sis à Chante, juridiction de Clairac . . . . 2500 livres.

3° Trente-six cartonnats prés et vignes dans la juridiction de Clairac . . . . . . . . . . 1500 livres.

4° Les effets mobiliers ne dépassant pas . 400 livres.

Sur tous ces biens, la demoiselle Aché avait des reprises assurées par son contrat de mariage du 2 octobre 1654. La maison de Clairac avait été achetée à feu M. Salomon de Nicole en 1660.

Mgr de Bazin eut sans doute égard à la requête de Marie Aché ; elle paraît avoir joui, le reste de sa vie, de la fortune de son mari sans trop d'entraves.

L'inventaire de la maison d'Abel Denis se fait après son décès, le « huitième de juillet 1677 », par Freron, notaire, en présence de Jean Denis, bourgeois et marchand, frère du défunt ; de Daniel Brustis, marchand, son gendre ; de Pierre Achart, marchand, cousin de la veuve ;

---

[1] Mesure encore usitée dans le canton de Tonneins, le cartonnat vaut huit ares.

de M. Jean Freron, praticien, et d'Abraham Bonnet, marchand, habitants de Clairac. Marie Aché déclare que son mari Abel Denis, est mort le trente juin de cette année, laissant Pierre et Jean, ses fils, héritiers, un legs à ses filles; l'administration de tous les biens lui est léguée, et elle requiert le notaire de procéder à l'inventaire. Nous donnons quelque partie de cet inventaire; il fera connaître l'intérieur des bourgeois de Clairac au XVIIe siècle.

Le mobilier de la chambre où Abel Denis est mort est des plus sommaires : un lit avec une couverture verte et une garniture de raze bleue, probablement un lit à l'ange, comme l'on n'en trouve presque plus dans les campagnes; avec leurs rideaux se fermant tout autour ils forment une petite chambre dans la grande. Une table «mangeoire» avec deux bancs en menuiserie, un coffre où se trouvait le linge d'Isabeau Denis, fille d'Abel; une vieille «allemande» (armoire) presque rompue, à deux serrures, où l'on met la graisse; deux landiers avec les ustensiles pour le feu; un miroir, quatre chaises garnies de jonc «fort usées», un Nouveau Testament «fort usé»; souvent lu, c'est avec la Bible le seul livre qu'on trouve mentionné dans presque tous les inventaires de ces marchands de Clairac, protestants pour la plupart. Tous aussi possèdent la même simplicité de mobilier touchant à la pénurie; leur richesse se montre dans la plus ou moins grande quantité de linge de maison et de vaisselle d'étain; les Denis sont assez riches sur ces deux articles. L'ameublement de la chambre de Marie, Judith et Isabeau Denis, filles du défunt, est aussi des plus rustiques. Cette chambre, au nord de la maison, contient deux lits « en menuiserie » avec une couette et un matelas, et des « couvertes blanches ». Un des lits est garni de raze bleue et l'autre de verte, les linceuls ou draps de lit sont en étoupe. Une table mangeoire (le dessus de ces tables est à coulisse et le fond sert de buffet) avec ses deux bancs en menuiserie, la table est recouverte d'un tapis vert ; six chaises de bois, une armoire (allemande) à deux portes avec serrures, où les jeunes filles mettent leurs habits ; sur l'allemande une Bible et un Nouveau Testament fort usés. Un petit coffre-bahut rempli de linge, un autre coffre en noyer fermant à clé, renfermant des draps, serviettes, essuie-mains ; deux autres coffres, dont un également en bois de noyer, contenant du linge et les papiers du défunt.

En dehors de ces deux chambres, il n'est mentionné dans l'inventaire que des dépendances, la chambre d'un valet et des chais. Pour une famille de neuf personnes la place paraît restreinte ; il est vrai que les chambres en ce temps étaient plus vastes que celles des maisons modernes ; on ne les encombrait pas non plus de ces mille riens favorisés par la mode. Aujourd'hui un seul miroir ne suffirait pas à toute une maison.

Parmi les papiers inventoriés se trouvent plusieurs

contrats d'obligations consentis en faveur d'Abel Denis.
L'un de ces contrats est passé avec un sieur Laumont,
un autre avec un sieur de Lamothe, Moïse Pigeon[1]. Un
accord fait entre M<sup>gr</sup> de Choisy et les sieurs Paul et
Abel Denis; ces relations de prêts entre les deux familles
se continuent après la mort d'Abel. Celui-ci achète aux
de Choisy, en 1660, une vigne provenant de l'hérédité
d'une dame de Lafleur; en 1661, quittance du seigneur
de Choisy. Plus un relief et une donation de Paul Denis
à Abel, ce qui nous a fait augurer qu'ils étaient assez
proches parents. Un acte de partage entre les deux
frères Jean et Abel Denis. Des copies du contrat de
mariage d'Abel avec sa première femme Marie Coulé,
en 1644, et du testament de celle-ci en 1645. Cette première femme ne lui laissa pas d'enfants et vécut peu de
temps. A ce propos nous avons remarqué que la plupart
des veufs ou veuves de cette époque ne tardaient pas à
se remarier; il n'était pas rare qu'ils le fissent plusieurs
fois. L'inventaire mentionne aussi le contrat de mariage
de Marie Aché, et la copie du testament mutuel de ses
père et mère: feu Pierre Aché et Marie Achart; il est
daté de 1669. Il se trouve aussi d'autres obligations avec
le sieur de Labat; les vignes, près de Cambes, citées à

---

[1] Famille de Clairac ou des environs. Ce Moïse est, croyons-nous, le
capitaine du régiment des gendarmes de Monsieur frère du roi, dont
nous avons parlé à propos des troupes cantonnées à Clairac.

l'inventaire, confrontaient les terres des Labat, des Maleprade, des hoirs de Pierre Larrival et du sieur Salomon
de Nicole. Malheureusement de tous ces documents rien
ne nous est parvenu que leur nomenclature. L'inventaire
est signé de Marie Aché, des assistants et du notaire.

IV

La veuve Denis continue d'emprunter de l'argent au seigneur de Moléry, sire de Choisy. Elle se transporte en 1683, avec son gendre Brustis à la maison noble de Bourbon, juridiction de Nicolle, pour reconnaître en présence de : haute et puissante dame de Moléry, veuve de Messire Jean de Fumel, seigneur, marquis de Monségur, lui devoir « deux mille livres tournoises d'argent amiable- « ment prêtées, qu'ils ont reçu tout présentement en « pistoles valant onze livres, pièces, écus, demi-écus, en « argent bonne monnoye du roi. » Marie Aché et son gendre promettent de payer la marquise dans un an avec les intérêts.

On remarquera probablement cette énumération des espèces, servant à faire la somme donnée, elle revient fréquemment dans les actes de ce temps, où il est question de prêts ou de paiements; en bonne monnaie, en bon argent, sont des formules souvent employées.

M<sup>me</sup> Denis, ou pour parler selon le temps d'autrefois,

M<sup>lle</sup> Denis laisse une partie de la somme qu'elle vient d'emprunter à son gendre, sur sa demande, « pour ses affaires propres et particulières », est-il dit sur l'acte. Cet acte est passé par M<sup>e</sup> Sallage, notaire royal en la maison de Messire Nicolas de Moléry, seigneur de Choisy, juridiction de Nicolle[1]. Malgré leur promesse de payer capital et intérêt au bout de l'année, le gendre et la belle-mère ne purent s'acquitter. Par un acte de 1696, passé entre eux, nous apprenons qu'ils n'ont pas liquidé cette dette; c'est un engagement de Brustis laissant pour neuf années à sa belle-mère la propriété du Pontpayrin, à charge par Marie Aché de désintéresser Messire Nicolas de Moléry, frère de la marquise, et les autres héritiers de cette dame.

La propriété de Pontpayrin, située à l'extrémité du ruisseau de Pineaud, près de sa jonction au Lot, servait à une tannerie. Elle devait appartenir à la femme de Brustis, Jeanne Denis; Jean Denis, son oncle, en possédait une partie qu'il loue en 1695 à un nommé Guérin. Cette partie se composait d'un jardin, d'une maison avec chaudières, tuyaux, etc., appareils qui nous font supposer une distillerie. Le fils d'Abel Denis hérite de la portion de son oncle et rachète la part de sa sœur. Presque

---

[1] Cette maison existe sous son nom de Bourbon, mais a changé de propriétaire. Ce côté de la Garonne était très bien habité, Marie Vignerod duchesse d'Aiguillon y possédait une maison, ainsi que les Salomon sieurs de Nicolle.

toujours louée, cette propriété sortit de la famille un peu avant la Révolution.

Au mois d'avril 1698, Sallage rédige la quittance de très-haut et très-puissant seigneur Messire Nicolas de Fumel de Laporte, chevalier, seigneur, baron et marquis de Monségur, agissant au nom et comme héritier de feue dame Marie de Moléry sa mère; quittance par laquelle il décharge Marie Aché et Brustis de la somme à payer et des intérêts que ceux-ci lui ont compté ce jour. Les Denis restèrent en bons termes avec les sires de Choisy; en 1727, M. Denis, fils de Marie Aché, s'occupe de leurs affaires, fait réparer le château, paie les ouvriers. Sur le compte de l'un d'eux nous relevons ce détail: « avoir « remis des vitres à l'appartement de M$^{me}$ de Malain (ou « Malvin) et des panneaux de plomb neuf. » Les Denis leur empruntent de l'argent de nouveau, des lettres de 1730-1731 mentionnent des intérêts à payer à M. de Moléry.

En examinant les comptes de Marie Aché, venus jusqu'à nous, nous voyons qu'elle continue avec son fils Jean le commerce de son mari. Elle fait même des affaires où son nom paraît seul avec son gendre Brustis; il habitait près de la ville du Mas au lieu dit « la Chaudière »; il mourut vers 1698. Cette année sa veuve Jeanne Denis, fait administrer sa propriété de la Landette, près de Clairac, par son beau-frère Pennettes; Jeanne Brustis reste au Mas avec ses quatre filles. En 1737, Jean Denis réclamera à ses quatre nièces, ou à leurs maris, le remboursement d'un contrat d'obligation souscrit par leur mère décédée. Les enfants ne se pressant point de satisfaire à cette demande, Jean Denis, en 1739, mettra opposition en sa qualité de créancier, devant le juge de Clairac, M. Nogaret de Praissac, au paiement d'une vigne sise au lieu de Barry, achetée par M. Labat de Vivens aux héritières de Brustis. Cette branche Denis ne paraît pas avoir eu d'autres relations avec les parents de Clairac.

Les autres gendres de Marie Aché font aussi le commerce et parfois s'associent avec elle pour l'achat ou la vente de vins, blés, tabacs. En 1694 Marie Aché achète du tabac avec son gendre Caubet. En son propre nom et pour satisfaire aux besoins de son négoce, Marie Aché emprunte en 1680, 1500 livres d'argent à M. de Labat; les espèces monnayées sont énumérées dans l'acte. Cette somme réclamée en 1687 par voie d'huissier, pour le compte du sieur Jacob de Maleprade, sieur de la Bordeneuve, Marie Aché ne peut ou ne veut pas la payer; l'affaire traîne jusqu'en 1705, où Jean Denis la termine. Jean était destiné à finir bien des procès et à en entamer plusieurs; en 1722 il vient à bout d'un autre procès, commencé en 1693 par sa mère. Ces deux dates nous donnent la mesure de la lenteur des procédures au XVIIIᵉ siècle. Ce procès avait été intenté par Marie Aché à un nommé Pierre Descombels, maître cordonnier, comme représentant de sa femme Marie Jongla. Celle-ci, fille ou simplement héritière d'un Jongla fugitif du royaume pour cause de religion, refusait de payer aux Denis le loyer de la maison Jongla. Le recouvrement de ce loyer se poursuit difficilement ; bien des avis sont pris, entre autres celui de M. Silvestre, avocat à Bordeaux ; sa consultation par écrit est rédigée à Ferron[1] près Tonneins en 1721 ; à cette époque la partie adverse des Denis est représentée par une femme Rachel Versung.

Penettes, mari d'une Denis, vend et achète des tabacs avec sa belle-mère ; cette famille Penettes est de Clairac ou des environs et conserve assez longtemps des relations d'affaire et de parenté avec les Denis. En 1678, un Penettes avait pris Denis pour procureur, pour toucher l'héritage paternel.

Le sieur Denis, les sieurs Daniel et Noé Piécourt, bourgeois et marchands de Clairac, adressent une supplique à : « Nos seigneurs du Parlement », pour être remboursés des frais occasionnés par le voyage, la maladie et la mort du sieur Daunessan. Denis et Piécourt réclament comme représentants-correspondants de marchands hollandais, en 1692 ; ainsi le commerce des Denis s'étendait déjà assez loin par la voie de Bordeaux ; il comprenait les vins, eaux-de-vie, prunes, grains, farines, tabacs. A Bordeaux, les Denis sont en rapport avec les banquiers

---

[1] Château près de Tonneins, réparé et habité de nos jours par la famille Silvestre qui porte le nom de la terre.

Henriquez, Mirambeau, Rodriguez y Silva, (juifs es-
pagnols sans doute). Avec M. Sageran de la Grange,
propriétaire clairaquais, Denis envoie en 1696 des tabacs
à Marseille; à ce moment presque tous les comptes sont
signés Denis et Cᵢᵉ.

M. Massac de Bertranet écrit à Jean Denis en 1698, le
pressant de se rendre à Layrac pour quelque vente: «Je
ne vous dis rien, ajoute-t-il, pour les achats de tabacs que
vous gouvernerez selon ce que vous jugerez à propos.»
Jean Denis devait alors avoir une trentaine d'années;
depuis la mort de son père (1677), il s'occupait avec sa
mère ou seul des affaires commerciales. Il reste des
feuilles éparses de ses livres de comptes, où sont
inscrites le nombre des feuilles de tabac, « les bouttes »
ou paquets avec leur prix, le nom des vendeurs, propriétaires de tous rangs. Nous y relevons les noms de
Mˡˡᵉ de La Rue, MM. de Lartigue, Delpech; ces deux derniers ont encore des représentants dans le pays. Malheureusement ces livres ou plutôt ces cahiers mal rat-
tachés ne sont pas entiers, ils ne contiennent rien qui
puisse nous éclairer sur l'individualité de Jean Denis,
sur sa vie de famille. Contrairement à beaucoup de ces
livres dits « de raison », il n'est mentionné sur ces cahiers
que des achats, ventes, comptes de négoce ou de mé-
tayers très laconiques; s'ils nous font comprendre tout
le labeur du négociant, ils ne révèlent rien de sa vie
journalière et intime, aucune date, aucune réflexion ne

marquant un événement de famille. Ainsi nous ne savons pas la date exacte de la mort de Marie Aché, ni du mariage de Jean Denis. Il est question d'un testament de Marie Aché fait chez Destoup, notaire royal à Clairac, en 1701, mais il n'en ressort pas que ce soit l'année de sa mort. En 1706 et 1707, son fils acquitte la capitation pour sa mère, mais il s'agit peut-être d'arriérés. Un des livres de comptes daté de 1702, est tenu par Denis pour son beau-père Freron ; ainsi Jean était marié à cette date. Il paye les impositions de Freron, ses dettes, lui fournit du vin, lui achète des tabacs et marque le pourboire donné aux bouviers qui ont porté le tabac, la journée payée aux « filleuses ».

D'après ce livre de comptes, nous plaçons le mariage de Jean Denis en 1701 ou tout au commencement de 1702. Sa femme Marthe Freron, fille de Jean, notaire, et de Judith Lesparres, n'avait qu'une sœur Jeanne, mariée beaucoup plus tard à un avocat d'Agen, Léon Beau. Les deux beaux-frères Denis et Beau eurent un long procès. La famille Freron, qui finit à Marthe et Jeanne, était une famille de notaires, très ancienne dans la ville de Clairac. Comme nous l'avons dit au commencement de ce travail, les Freron ont laissé des registres datant de 1515; de père en fils, sauf une interruption en 1672, ils tiennent l'office jusqu'à la mort de Jean Freron, beau-père de Jean Denis, en 1721, plus de deux siècles d'existence. Ils avaient eu une belle maison dans la ville vieille, à cent

Puits de la maison avec terrasse.

pas du fort de Clairac; le sieur de Belmont la fit démolir avec beaucoup d'autres en 1628, pour la défense de la ville. En 1657, les fils de l'exproprié demandèrent la permission de rebâtir sur le même emplacement, vu la destruction du fort et de la citadelle; mais les habitants de Clairac ayant transformé cet endroit en promenade, le conseil de la ville ne voulut pas accorder la demande des Freron[1]. Cette place porte encore le nom de place du Fort; elle est bornée du côté de la rivière par une maison avec terrasse, reste de l'ancien corps de garde, et par une propriété dite des Capucins, qui appartenait à un couvent de cet ordre.

[1] Voir l'appendice pour plus amples détails.

# V

C'est en 1701 que nous trouvons la première mention des relations commerciales de Jean Denis avec les David Denis de Bordeaux, relations continuées jusqu'à la mort du chef de cette maison, vers 1742. Ceux de Clairac ont continué le commerce jusqu'à la Révolution; ils le font toujours progresser malgré de nombreuses entraves et les procès de Jean Denis.

Ce Denis, fils de Marie Aché et d'Abel Denis, nous paraît austère, ferme, figure un peu sèche; autant la personnalité d'Abel Denis semble effacée dans le peu que nous avons recueilli sur lui, autant celle de son fils se détache sur son entourage comme le type du commerçant affairé, en quête d'augmenter son gain, peu porté aux accommodements, à la conciliation, défendant son droit âprement; vraie figure du temps, embrassant une foule d'occupations et y suffisant presque seul. Sa femme l'aide dans ses travaux et élève parfois la voix pour un conseil; quelques-uns de ses correspondants lui donnent

des avis, en particulier les Denis de Bordeaux, que Jean
semble écouter plus favorablement qu'aucun. On lui
prêche la conciliation dans plusieurs affaires; il ne la
pratique pas souvent.

Un passeport imprimé en anglais, signé « John Fenel-
son », daté de 1709, délivré à un navire partant du port
de Dublin « à la garde de Dieu » pour Bordeaux, nous
fait savoir que le commerce extérieur de Denis s'étend
jusqu'en Angleterre ; son frère de Dublin est-il son correspondant ?

Pour avoir plus de tabacs à exporter, Jean Denis se
rend adjudicataire de tous les tabacs du bureau de la
Compagnie des Indes, bureau de Tonneins. Pour cette
entreprise, il s'associe avec les sieurs Pons, Meynadier
et Chatal. Ces associés ne furent pas tous honnêtes, et un
long et coûteux procès s'ensuivit ; il fallut envoyer quelqu'un à Paris pour le poursuivre. Le retard que Jean
Denis apporta à confier cette affaire à son fils fut cause
qu'il perdit en partie son procès. Il avait mis une grande
énergie à soutenir sa cause, espérant toujours confondre
ses adversaires. Il semble qu'il en ait abrégé sa vie ; il
mourut la même année du jugement.

En dehors de ce long procès, Denis en a une infinité
d'autres, soit avec des particuliers, soit par suite de son
commerce. Nous en citerons quelques-uns pour montrer
son activité morale et physique. Malgré tant de procès,
de tracas du fisc, de vexations pour la religion, il laisse

à ses enfants une fortune et une position meilleure que celle d'Abel Denis.

Un des procès de Denis qui fit beaucoup de bruit dans la ville de Clairac, lui nuisit dans l'esprit de quelques-uns et le releva dans d'autres, est le procès intenté par les héritiers de Pastre Gonnet en 1727. Ce Pastre Gonnet était marchand savoyard établi à Clairac en 1647; il tenait boutique de draperie avec un nommé Villot. En mourant, Gonnet laisse sa boutique et ses marchandises à cedit Villot; peu après celui-ci étant mort dans la misère, la clef de la boutique fut donnée en garde à Jean Denis jusqu'à l'arrivée des héritiers Gonnet. Les héritiers, furieux de ne pas trouver une fortune, accusèrent Denis d'avoir voulu capter leur parent et d'avoir fait disparaître les marchandises. Des témoins affirmèrent qu'elles n'existaient point, que Denis et un autre marchand, nommé Bonus, avaient fait vivre Villot, qui, sans leurs charités, serait mort depuis longtemps. D'autres soutenaient le contraire. Bonus, mis en cause, semble avoir joué un rôle double et s'être dérobé. Condamné une première fois devant l'ordinaire de Clairac, Denis en appela devant le sénéchal d'Agen pour ne pas payer les dommages et intérêts réclamés par les héritiers Gonnet; cette demande lui fut accordée en 1730.

Autrement pénible pour la famille Denis, très long aussi, fut le procès avec Beau, mari de Jeanne Freron. Jeanne se marie en 1721; d'après l'acte de mariage, Léon

Beau était catholique; il est assisté par un ami de Bordeaux, M. Martinez; la famille Beau était originaire de cette ville. La mariée, dont la religion n'est pas indiquée, est entourée de ses père et mère, d'un cousin-germain, Lesparres, de son beau-frère Jean Denis. Il est dit qu'elle reçoit la même dot que sa sœur Marthe, mais n'ayant pas le contrat de mariage de celle-ci, nous ne savons ce qui leur est attribué. La famille Freron était protestante; sur celle de Judith Lesparres, nous ne savons pas grand'chose: Judith était fille d'une demoiselle Geneste, famille bourgeoise de Laparade. Le père de Marthe et Jeanne Freron se fait délivrer, en 1686, un billet de confession par Guimard, curé de Clairac, il est dénommé «nouveau converti». Cette conversion était-elle réelle? C'est peu probable, car à sa mort, survenue peu de mois après le mariage Beau, en décembre 1721, l'Église lui refuse la sépulture. Son nouveau gendre va déclarer le décès au greffe de l'ordinaire de Clairac avec son métayer Martin, pour obtenir la permission de le faire «enterrer en terre profane et de nuit conformément aux ordonnances». Cette sépulture hors de l'Église sera une cause invoquée contre les héritières Freron quand elles voudront conserver l'étude paternelle, nous le verrons plus tard.

Le ménage Beau paraît avoir vécu moitié à Clairac, chez Judith Lesparres, ou sur son bien de Margouilh, moitié à Agen, où étaient les occupations de M. Beau.

En 1722, Jean Denis, voyant que sa belle-mère, loin de

partager les biens de son mari entre ses enfants, en faisait jouir l'une au détriment de l'autre, réclama le partage, de là le procès. Après la mort de son mari et l'inventaire, parvenu très incomplet jusqu'à nous, Judith
Lesparres avait transporté à sa maison de Margouilh, à
quelques kilomètres de Clairac, tous les papiers du notariat. Bien des personnes réclamant des copies d'actes
ou la communication des pièces se les virent refuser,
elles eurent recours au juge ; d'autres personnes obte-
naient leurs demandes, l'avocat Beau faisait les expéditions et recevait l'argent. De plus, il vivait presque con-
tinuellement à Margouilh, tandis que Denis n'obtenait
rien pour sa femme.

Judith Lesparres, à cause des affaires du notariat, qui
se trouvaient mêlées à la question du partage, prit parti
pour les Beau ; le procès, jugé d'abord à l'ordinaire de
Clairac, fut perdu par les Denis ; ils en appelèrent à
Agen, puis à Bordeaux, 1723, puis de nouveau à Agen,
1727, là fut prononcée une condamnation contre Beau. Il
fit appel à son tour et continua jusqu'en 1730, sans que
nous ayons pu déterminer l'issue finale, bien des pièces
manquant. Pendant le cours de cette procédure, Jean
Denis en soutenait une autre avec les sieurs Thore et
Bonin, contrôleurs à Clairac, qui facilitaient à Léon Beau
la délivrance des actes du notariat Freron au mépris de
la loi.

Ce procès de famille n'était pas terminé que Jean en

avait un avec M. Lartigue, médecin de Clairac, gendre
de M. Salomon du Vaqué. En plus de ses propres affaires,
Jean Denis s'occupait de celles des autres ; il était régis-
seur des biens des demoiselles Salomon[1], tantes de
M. Salomon du Vaqué. Ces demoiselles possédaient autour de Clairac plusieurs métairies, et d'autres dans la
plaine de la Garonne près du Mas et de la Gruère ; pour
ces dernières, M. Denis était en correspondance avec
M. Verdier. M. Salomon du Vaqué hérita d'une partie
des biens de ses tantes, et M. Denis, conjointement avec
son beau-frère Penettes, lui emprunta par contrat d'obligation deux mille livres. Cette créance, donnée par
M. Salomon à son gendre Lartigue, amena le procès.
Lartigue en réclama le paiement en 1727, Penettes se
retira, disant que pour lui, il ne devait plus rien, la moitié
de la dette ayant été remise par M. Salomon en considération de ce que Denis avait déterminé Mlle de Salomon à tester en sa faveur. Penettes refusa donc sa part ;
Denis, resté seul, supporta le procès et fut condamné,
en 1729, à l'amende au roi et aux dépens. Peu après
M. de Lartigue lui intentait un autre procès à propos du
bien d'un Guiraud Bazat, son débiteur. Cet homme avait
donné son bien à M. Denis ; M. de Lartigue lui demanda
de payer ce que Bazat lui devait. Cette affaire fut portée
à Agen. En 1735, M. Denis offrit de payer la créance

---

[1] De la famille des de Bar, barons de Mauzat etc.

contre une quittance publique; nous avons trouvé le refus
de Lartigue à l'huissier lui portant la somme de quatre-
vingt-dix-huit livres quatre sols, le 3o décembre 1735.
M. Denis fut tellement exaspéré par ce dernier procès,
qu'une fois terminé, il ne voulait plus en entendre parler,
pas même pour payer son procureur à Agen. M. Carrié, le
procureur, se fit payer après la mort de Jean Denis par son
fils, en l'instruisant de l'horreur de son père pour tout
ce qui se rapportait à cette affaire. Laissons-là les
tristes effets de ce qu'on nomme la justice pour remonter
en arrière, et avoir une idée des charges fiscales d'une
famille de ce temps en parcourant les reçus des impôts.

# VI

Les habitants de Clairac payaient une dîme au seigneur Abbé, ensuite l'impôt au roi, taille ou capitation. Marie Aché paie en 1683 au nom de son mari la rente due à l'Abbaye consistant: en six sols d'argent, un carton et 6 picotins de blé, 5 picotins de froment. Elle acquitte cette même année l'arriéré des années 1680-81-82, avec un arriéré de Pierre Aché ; le reçu fait à la « maison abbatiale de Clairac », le 31 août 1683, est signé l'abbé Idangui. Une note ajoutée plus bas porte quittance pour les années 1684 et 85. D'après la date du mois d'août, ces rentes se payaient généralement après les moissons et les dépiquages. En 1688, Denis paie sa rente aux mains du procureur de l'Abbé.

Marie Aché reçoit en 1693 quittance imprimée pour un arrérage, malheureusement les rats ont mangé la signature. Comme sujets du Roy, commerçants, les Denis paient à Thore collecteur, en 1698, trente huit livres, seize sols, huit deniers. L'article du sieur Abel Denis et

d'Antoine Rey de Marsac s'élève en 1699 à 41 livres, un
sol et un denier. Jean Denis donne volontairement en 1702,
quatorze livres pour la réparation de l'église paroissiale
de Cambes, afin d'éviter la taxe; il en reçoit un reçu
signé Seilhade. La même année, il paie à Bourges collecteur, quarante-sept livres, un sol, huit deniers, pour la
taille; dix sols, deux deniers pour la capitation de Rey
de Marsac (son métayer probablement), pour la sienne,
à lui Denis, douze livres; pour sa mère, sept livres; pour
un valet et une servante, deux livres. Sur son reçu le
collecteur a ajouté le compte de trois barriques de vin
qu'il vend à Denis, de sorte que par ce petit carré de
papier, nous apprenons le montant des impôts de Denis,
son état de maison et son commerce.

Un autre détail nous est donné cette année 1702 par
l'ordonnance de François de Sourdis Descoubleaux,
lieutenant général de Sa Majesté en Guienne, ordonnance datée de Bordeaux, donnant permission à MM. Jean
Denis et Jean Freron, pour deux ans, de porter des
armes en allant à la campagne. Il n'est question d'aucune redevance pour ce port d'armes; fut-il renouvelé?
nous l'ignorons. Le peu de sûreté des chemins le rendait
nécessaire; pour les intérêts de son commerce, Denis
devait souvent être en course; les chemins mal entrete-
nus n'étaient praticables qu'à cheval ou en charrette; la
rivière était le moyen de communication le plus sûr et
le plus commode, mais ne pouvait mener partout. Est-ce

à la suite de quelque voyage et d'une mauvaise rencontre, ou d'une maladresse que M. Denis reçoit en 1703 une blessure dans le bas-ventre? Le compte d'apothicaire qui seul nous apprend cet accident, porte que la blessure était faite par un coup de fusil chargé de grenailles; elle nécessita des soins assez longs.

Comme marchand, Denis se voit réclamer (1703) par le sieur Rey, chargé par Sa Majesté du recouvrement des droits de Publications et Dispenses de Mariage, édit de 1702, le paiement des bans de son mariage. La circulaire porte que le sieur Denis a refusé le paie-ment, « quoiqu'il soit prouvé qu'il achète et revend du « blé, soit en magasin, soit en place publique; notam-« ment par les relevés, sur les registres des fermes du « roy, du tabac; il est vrai qu'il en a acheté et embarqué « un certain nombre pour l'Espagne et Gênes, les années « 1698-99, et encore en 1701; en conséquence Joseph « Dauzac, conseiller du Roy, commissaire subdélégué « par l'Intendant de la sénéchaussée d'Agenais, condamne « le dit sieur Denis à payer au dit Rey le supplément « de la somme dûe au bureau de Tonneins. »

Denis s'exécute le 5 mars 1703; la quittance est au bas de la circulaire. Cette pièce nous a servi pour fixer approxi-mativement la date du mariage Denis-Freron. En 1706, Denis acquitte, avec sa taille et capitation, celles de sa mère et de deux autres personnes : MM. Sauvage et Latour. Bachan collecteur en 1713, lui donne un reçu pour les droits d'octroi de vingt-deux barriques de vin, et pour les impositions de 1702; celles de 1713 se montent à quatre-vingt-trois livres, dix-huit sols et six deniers.

L'année suivante, les impositions de la rente provinciale de Denis sont augmentées de mille livres. Il refuse de payer, reçoit une assignation et porte plainte. Sa requête, adressée à M$^{gr}$ le comte de Courson, intendant de Guienne, est annotée par le contrôleur Marot. Marot dit ne pas connaître au juste les ressources du suppliant; il a cinq enfants et fait un commerce où il n'a pas gagné depuis deux ans. Le suppliant s'appuie sur ce que son bien-fonds n'est pas suffisant pour le faire vivre avec sa famille. Il est donc obligé de se livrer au commerce, lequel ne réussit pas. Au bas de la requête est écrite cette note : « Nous estimons par le bon plaisir du roy qu'il y a « lieu de modérer la taxe dont est question à la somme « de deux cents livres et attendu le paiement d'icelle « chargeons le sieur Marot d'en faire le recouvrement. « Fait à Bordeaux le 13 avril 1715. De Lamoignon. » Plus bas, le nom illisible de l'intendant.

Clairac dépendait de Bordeaux pour toutes les affaires du roy et pour les affaires commerciales. C'est devant le tribunal de la Bourse de Bordeaux que se portent tous les démêlés des marchands de Clairac, comme en témoignent tous les actes concernant les différents entre Denis et Saint-Pé, Denis et Penettes. Les usages du commerce de Bordeaux, le règlement de son tribunal faisaient loi à Clairac.

Peu de temps après la requête ci-dessus, Denis reçoit encore du papier timbré pour avoir à payer les droits de testament de sa mère Marie Aché, testament daté de 1701. Ayant négligé de s'acquitter en versant la somme de trente livres au sieur Petit, on lui envoie en garnison (1719) Nicolas Ferrand de Vignaucourt, commis juré. Nous n'avons pas quittance de ces droits et ne savons combien de temps dura la garnison.

L'absence de son frère Pierre, regardé comme « fugitif religionnaire », occasionne aussi à Jean Denis d'autres ennuis. Nous avons vu qu'en 1677, Marie Aché avait été obligée de réclamer pour ne pas payer une augmentation de taxe à propos de l'absence de ce fils; pour la même raison, en 1711, le fisc fait saisir : la maison Denis en la ville de Clairac, paroisse Saint-Martin; la métairie de Chantes, paroisse de Cambes; la métairie de Marsac. C'était à peu près tout son bien. Denis en appelle à M. de Courson, intendant de Guienne; il a dû avoir gain de cause, mais en 1717 la saisie a été renouvelée. De nouveau Denis réclame et obtient main-levée en dépit des observations du préposé à la recette et administration des biens des religionnaires fugitifs, M. Edme Parizot. Ce Parizot accusait Denis de n'avoir pas fait acte de catholicité depuis qu'il avait réclamé contre l'arrêt. Au reste, Edme Parizot parait être un dénonciateur acharné des religionnaires dans la partie de l'Agenais soumise à sa domination; peut-être les confiscations lui donnent profits. De son côté, Denis doit avoir des appuis en haut-lieu pour se dégager de ses poursuites; les divers actes se rapportant à cette affaire sont signés de Lamoignon.

En 1720, une nouvelle dénonciation, sans doute, amène l'internement de la fille aînée Denis dans le couvent des Filles de la Foi à Clairac, pour y être gardée jusqu'à ce qu'il soit statué sur son sort. Nous trouverons dans les lettres privées de Denis à son fils quelques détails sur cet événement, mais ils ne jettent aucune lumière sur la manière dont s'opéra l'internement, ni sur la durée du séjour au couvent. Le préposé Parizot continue ses poursuites en 1721, réclamant une somme de cent livres; cette sommation est portée par un huissier et un archer à cheval, qui s'établissent chez le délinquant jusqu'au paiement intégral. Ces garnisaires ne s'envoyaient pas seulement aux religionnaires, mais à tous ceux en retard vis-à-vis du fisc; les demoiselles de Bar de Mauzat envoient pareillement garnison chez leur oncle Salomon de Nicolle, qui a refusé de leur payer une somme qu'elles réclament.

En 1722, par acte de Claude Boucher, seigneur de Goutte, Hebecourt, Sainte, etc., conseiller du roi, conseiller d'honneur au parlement de Bordeaux, président honoraire de la cour des aides, Intendant de justice et

Chevet de l'église.

police, finances de la généralité de Bordeaux, le sieur Denis est désigné pour vaquer aux fonctions de la collecte de la taxe pour l'année 1722, au lieu et place du sieur Sageran, renvoyé pour le retard qu'il a mis dans ses paiements. Denis doit le remplacer sous peine de supporter la charge des impositions.

A la fin de cette année 1722, nous trouvons un certificat pour Denis aux armes royales, délivré par Dauzac à Agen pour une liquidation d'effets. Une note de ces effets était jointe au certificat, mais la note a disparu et nous n'avons pu comprendre si c'était la fin des réclamations ci-dessus mentionnées ou s'il s'agissait d'effets commerciaux. D'après les reçus retrouvés, Denis semble avoir payé assez régulièrement ses impôts au roi et à l'Abbé. Ces reçus ne sont pas correctement faits comme de nos jours; ainsi en 1733, Bachan, collecteur, donne celui de la capitation Denis 45 livres, écrit sur une carte à jouer, cinq de trèfle. Ceux de l'Abbaye portent sur le même petit chiffon de papier des acquits pour plusieurs années; un de ces reçus est signé de l'abbé Vendemin.

Une plus longue énumération de ces reçus serait fastidieuse, bornons-nous à noter les incidents suivants : En 1760, les demoiselles Denis et Freron, filles et femme de Jean Denis, n'ayant pas satisfait à la taxe sur les protestants, logent les employés au recouvrement de cette taxe; signé Raynal, receveur. En 1771, M. J. Antoine-

Piazza, seigneur abbé de Clairac, assigne Jean-Jacques-
Denis pour paiement d'arrérages de droits seigneuriaux.
Denis paie aussi une taille pour les églises de Marsac et de
Coleignes. En 1774, les fermiers des biens temporels
de l'abbé Piazza obtiennent une condamnation contre
J. J. Denis, pour des droits de lods et ventes sur des
terres qu'il a achetées de diverses personnes dans Clai-
rac; Denis s'acquitte dans l'année. Le dernier reçu porte
la date du 3 juillet 1787, signé Glavy; il est délivré à
M. Martineau pour M. Denis.

Dans une seconde partie, nous allons tâcher de retrouver la vie intime de la famille, comme nous avons essayé
d'en esquisser la vie extérieure. Nous transcrirons le plus
possible les actes de mariage, testaments, lettres aux
enfants ou aux correspondants, qui nous paraîtront les
plus propres à faire ressortir ces figures d'un autre âge.
En terminant cette première partie, qu'il nous soit permis une réflexion : On a beaucoup crié contre les injustices, les abus, les cruantés, de ce qu'il est convenu
d'appeler «l'ancien régime». La révolution est venue pour
réparer tout cela; des fleuves de sang ont coulé; les
trônes relevés, ont été de nouveau abattus. Je ne nie pas
certains progrès faits, mais que voyons-nous pourtant
dans nos campagnes après cent ans passés, si ce n'est
une foule de Parisot non plus préposés aux biens des
relïgionnaires fugitifs, mais à l'administration des com-
munes, à l'enseignement de la jeunesse; ils ne parlent

plus au nom de la religion, mais combattent Dieu lui-
même, dénoncent tous ceux qui n'ont pas leurs opinions;
ceux qui ne les soutiennent pas dans leurs œuvres im-
morales; sur ceux-là pleuvent les vexations, les injustices,
les déplacements, les impôts surchargés. Certes je blâme
le Parisot du XVIIIe siècle; on a eu raison de le supprimer;
mais au-dessus de lui, je vois Lamoignon rendant justice
à Denis. Aujourd'hui je vois beaucoup de Parisot et... je
cherche un Lamoignon.

# SECONDE PARTIE

# I

Marie Aché, au mois de mai 1705, marie sa plus jeune
fille Marthe à Abel Glavy, maître chirurgien; les sœurs
sont toutes mariées à cette date ainsi que le frère, Jean
Denis. Le contrat se passe dans la maison du père de la
future, devant Destoup, notaire royal; Abel Glavy est
assisté de maître André Borderie, praticien et d'Étienne
Sageran, marchand. Marthe Denis a pour assistants: sa
mère, son frère Jean Denis, Jeanne Denis veuve Brustis,
Paul Penettes et Jean Caubet, ses beaux-frères. Le marié
devait être catholique, le contrat porte que: « les futurs
époux s'épouseront en l'église « catholique, apostolique
« romaine, quand l'une des deux parties en requéra
l'autre. » En sus du legs laissé par Abel Denis à sa fille,
Marie Aché lui constitue une dot composée d'un ameublement, lit complet, avec garniture de cadis vert et une
« couverte » de la valeur de vingt livres; douze « linceuls »
de brin, quatre douzaines de serviettes fines et grosses,

six nappes, un coffre bahut tout neuf et la somme de douze cents livres.

L'ameublement et une somme de trois cents livres sont payés le jour des noces, le restant des douze cents livres doit être payé de deux en deux ans sans intérêts. Le marié est tenu de reconnaître ces valeurs à sa femme, et de lui reconnaître en sus ce que par son industrie elle ajoutera à la prospérité du ménage. Le sieur Glavy ayant été marié en premières noces avec Jeanne Bonnet dont il a des enfants, il est stipulé dans le contrat, que les réparations qu'il fera à sa maison et autres dépenses ne seront pas supportées par Marthe Denis. Les deux conjoints se donnent mutuellement la liberté de disposer de leurs biens comme ils l'entendront; Glavy donne à sa femme, pour sa vie, la jouissance de la maison qu'il habite dans la « grand'rue », sauf la boutique. Le contrat est signé des parties et témoins, sauf de la future et de sa sœur Jeanne.

Cette union, célébrée probablement avec joie dans la famille Denis, n'a pas une longue durée; les deux époux se suivent de près dans la tombe. Jean Denis comparaît en 1712 devant Nogaret de Praissac, juge civil et crimi-nel de Clairac, pour prêter serment comme tuteur de Jean Glavy, son neveu. Les dernières volontés d'Abel Glavy et de sa femme l'ont désigné pour gérer les biens de l'orphelin et l'élever jusqu'à l'âge de vingt ans; Denis a la jouissance des biens de son pupille sans avoir à en

Vue de l'église actuelle de Clairac.

rendre compte, pourvu, dit le testament, qu'il donne un métier honnête à l'enfant. Le tribunal accepte la tutelle de Denis en lui faisant promettre de ne pas aliéner les biens de Jean Glavy et de l'élever dans la religion catholique.

Peu après ce serment, Jean Denis, assisté de Pierre Glavy, demi-frère de l'orphelin de Marthe Denis, demande à l'ordinaire de Clairac qu'il lui soit permis de vendre tout ou partie des biens de feu Abel Glavy, afin de désintéresser les nombreux créanciers et d'éviter une saisie. La vente leur est accordée. Quatre ans après (1716), un Glavy crée des ennuis à Denis à propos de l'administration de la tutelle et réclame la part du jeune pupille. Il assigne Denis comme tuteur et parrain de l'enfant; ce Glavy [1] est débouté de sa demande par arrêt du parlement de Bordeaux du 16 février 1716, signé *Bourillon*.

Malgré la charge de leurs quatre enfants : Jean, Jean-Jacques, Jeanne-Judith dite Denise (comme aînée des filles elle porte le nom de famille féminisé; cette coutume est encore en vigueur chez nos paysans) et autre Jeanne-Judith, on voit que Jean Denis et Marthe Freron n'ont pas hésité devant la responsabilité d'une cinquième édu-

---

[1] Les derniers Glavy descendants de Jeanne Bonnet se sont éteints dans le milieu du XIX⁰ siècle, dans une maison qui porte la date de 1721; elle est située dans la rue qui va à l'Église actuelle.

cation; ils prendront la même peine plus tard pour la fille aînée de leur fils Jean. Après ces actes de 1716, nous ne trouvons plus trace du jeune Glavy; il meurt, croyons-nous, avant sa vingtième année.

Une copie de l'acte de baptême du second fils Denis nous est parvenue; elle est ainsi conçue : « Le 25 août « 1708 a été batisé Jean-Jacques Denis, fils de Jean Denis « et de Marthe Freron, habitants de la paroisse Saint-« Martin, a été parrain Jean Denis, son frère (il devait « avoir 5 à 6 ans), et marraine Jeanne Freron, sa tante « (la future Mme Beau); la marraine a signé, non le par-« rain pour ne savoir. »

Cet extrait de baptême a été délivré en 1742 à Jean-Jacques Denis, pour servir à son mariage probablement, par Jacques Vergnes, curé de la paroisse de Saint-Pierre; Martiné, juge royal à Laparade, l'enregistre. Cet acte est une preuve que les protestants, pour avoir un état civil, faisaient souvent porter leurs enfants à l'église pour le baptême, les élevant ensuite dans la religion réformée; mais ils donnaient par ce fait prise à leurs ennemis pour les ramener dans le sein de la communion qui les avait accueillis à leur entrée dans le monde. A Clairac, les protestants ont agi d'autant plus de cette manière qu'ils avaient pour eux le nombre et beaucoup de familles riches et nobles, ce qui a dû rendre le clergé moins intolérant.

Nous avons vu dans la première partie que Jean Denis avait de nombreux procès; c'est pour les poursuivre qu'il

fait à Bordeaux de fréquents et assez longs séjours. On
se rendait dans cette ville par les bateaux qui transpor-
taient les marchandises de Clairac ou de Tonneins. Il est
à croire que M. Denis s'embarquait à la cale de Clairac
et s'en allait au courant du Lot rejoindre la Garonne; on
emportait des vivres, et l'on courait le risque de s'ensa-
bler de temps en temps, tout comme la marquise de Sé-
vigné sur la Loire.

En 1717, Denis se rend à Bordeaux et écrit à son
beau-père Freron qu'il a obtenu l'arrêt qui le concerne
contre Pierre Pauzie; ce dernier est condamné à tous les
dépens. En 1719, Denis cite Duthil devant la Bourse de
Bordeaux et consulte par la voie de ses correspondants:
David Denis et C$^{ie}$, M. Silvestre, sur cette affaire. Une
lettre adressée à son fils Jean-Jacques donne quelques détails sur ses affaires processives et autres; Denis regrette
de n'avoir pas acheté de la morue fraîche pour l'envoyer
à sa famille, mais comme elle était chère, il a craint de
fâcher sa femme. D'après cette crainte, Marthe Freron
était une ménagère économe, n'aimant pas les extras inutiles. Elle aussi écrit de temps à autre à son mari pendant ses absences ou à ses fils; une lettre d'elle à l'aîné
de ses enfants nous est parvenue, elle n'est pas datée,
mais se rapporte au départ du jeune homme pour la Hollande en 1719. Dans ces deux générations des Denis, le fils
aîné s'expatrie sans que nous puissions en déterminer la
vraie raison. Le départ de celui-ci coïncide avec les tra-

casseries de Parisot et l'internement de la jeune Denis;
faut-il l'attribuer à la question religieuse ? Cependant la
lettre de sa mère montre que la famille n'approuve pas
ce départ; elle semble plutôt indiquer un coup de tête du
jeune homme ; il était peut-être poussé par l'esprit d'in-
dépendance, de curiosité, le désir de faire fortune. C'est
sans doute à Bordeaux, prêt à s'embarquer, que le trouve
la lettre de sa mère : « Je ne peux t'approuver dans le
« parti que tu prends; tous ceux de la maison y sont
« contraires, ta tante Janille te croit ensorcelé... » Malgré
cette croyance, la tante Janille, sa commère en parrai-
nage, lui envoie cent pistoles. M. et M^lle Denis ne peuvent
rien donner à leur fils et ne veulent pas l'encourager
dans son dessein, afin qu'il ne puisse pas dire qu'ils l'ont
poussé à une entreprise dont ils sont sûrs qu'il se repen-
tira. Les relations commerciales des Denis avec la Hollande déterminent sans doute le jeune Jean à s'y rendre.
Il n'avait pas encore vingt ans; il est recommandé à la
maison Denis et Hollart de Rotterdam — ce Denis le regarde comme un parent — et à un M. Brinihol, réfugié
français, faisant le commerce à Rotterdam.

La famille Brinihol était originaire de Laparade;
M^lle Brinihol était une demoiselle de Loches, de la famille
des sieurs de Péchaut (1662). En 1668, une Marie de
Loches paraît sur un acte comme veuve de Jacques de
Mactes, sieur de Béziat; cette famille avait encore des
·représentants dans les environs de Clairac en 1720. Un

Brinihol, en 1676, docteur en médecine à Laparade, réclame de l'argent à M. de Latané, ministre à Tonneins-
Dessus (héritage Bernège, beau-père de Latané et de
Brinihol); un autre Brinihol était à cette date ministre, et
marié avec une demoiselle Silmène de Loches, qui est
veuve en 1693. Le Brinihol à qui est recommandé Jean
Denis est évidemment proche parent de ceux-ci; il a des
relations avec la famille de Loches de Bernadeau, restée
à Clairac, un des membres est militaire. La vue d'un
compatriote est agréable à M. et M<sup>me</sup> Brinihol; ils entou-
rent le jeune Denis de soins affectueux et paternels; nous
les verrons intervenir sans relâche en sa faveur auprès
des parents de Clairac.

Le jeune Denis arrive à Ysselmonde en 1719. Peu
après il écrit, au mois de juin, à son père et à sa mère:
« Comme vous m'exhortez toujours à avoir la crainte de
« Dieu, il ne me faut pas autre chose pour suivre vos
« bons conseils. Vous me dites de ne pas faire de grosses
« dépenses; j'espère que pour ce qui est de cela, vous
« n'aurez pas sujet de vous plaindre de moi. ». Jean dit
apprendre « la langue hollandaise » et comprendre déjà
très bien : « Je ne suis pas fort éloigné de M. Denis,
« seulement que d'une petite lieue; ainsi je le pourrais voir
« tous les jours, mais pourtant de peur de l'importuner
« je suis fort content de le voir tous les mois une fois,
« or que je n'aie quelque chose à lui communiquer, au-
« dessus du commun. Le maître ne m'enseigne autre

« chose que tenir les livres et la langue; pour ce qui est
« de l'habit que je me fais faire ici, je ne pouvais pas
« m'en passer, car je l'avais tout gâté dans le vaisseau,
« non pas pourtant par ma faute parce que le vaisseau se
« couvrit d'eau étant sur mer... mais mon habit neuf je
« le ménagerai autant qu'il sera possible. »

Jean avait eu une rude traversée, d'après l'épisode de
son habit. Embarqué à Bordeaux sur quelque navire
marchand avec un mince bagage, le voyage avait été
long et accompli par une saison inclémente, dans des
conditions peu confortables. Jean demande à ses parents
du vin blanc pour son maître et un peu de vin rouge
pour lui, trouvant la bière aigre en été. Sa lettre se termine ainsi : « Je n'écris point à mon grand-père, mais je
« vous prie de l'assurer de mes très humbles respects, et
« à ma chère grand'mère et à ma tante Janille, sans ou-
« blier mes frère, sœurs que j'embrasse de tout mon
« cœur, et à ma mère nourrice; vous ne me parlez pas dans
« vos lettres de la cousine Fouillad, je voudrais répondre
« aux compliments de M. Casse et son épouse et du Casse
« son fils je ne puis. »

Dans ses lettres, Jean ne manque jamais de mention-
ner particulièrement ses grands-parents Freron, son frère,
ses sœurs, cette mère nourrice restée sans doute dans la
famille. Même alors que ses parents lui témoignent leur
mécontentement et le laissent sans nouvelles, il se sou-
vient d'eux tous. Plus d'une fois il lasse l'indulgence pa-

ternelle, et son frère lui est très opposé; les réponses des parents ne nous étant pas parvenues, il est très difficile

de connaître leurs griefs et quels étaient, avant le départ du jeune homme, les rapports entre eux. Les lettres de M. Brinihol sont les seules qui nous permettent de juger un peu du caractère de Jean Denis; ces lettres nous le

5

dépeignent léger, changeant dans ses occupations, porté
à des dépenses futiles. Voici le premier portrait que
M. Brinihol trace du jeune Denis, un an après son arrivée
en Hollande. M. Brinihol vient de faire un voyage à
Clairac; sa lettre débute par des remercîments à M. et à
M^lle Denis pour leurs bontés et leurs attentions, pendant
son séjour à Clairac; aussitôt rentré, il a vu Jean et écrit
à son père, février 1720 : « Il est (Jean) à plus de douze
« lieues d'ici (Rotterdam); il vient rarement; nous l'avons
« eu à dîner il y a peu et nous voulions le retenir, mais
« il voulut s'en aller avec son hôte qui était venu l'accom-
« pagner. Il est bien fait de corps, bientôt de la taille de
« M. son père; son esprit est doux et poli; il mène une
« vie sage, s'occupant à des choses utiles, surtout à la
« lecture de bons livres. Nous lui avons parlé comme
« s'il eût été notre enfant. Il a eu beaucoup de joie des
« nouvelles que nous lui avons données de votre part et
« de celle de M^lle Denis et de sa parenté; nous lui avons
« témoigné vos bons sentiments, et il a promis d'y ré-
« pondre de toutes les manières. Ainsi que moyennant
« la grâce de Dieu, il faut espérer de voir un jour cette
« jeune plante devenir un honnête homme pour faire
« honneur à ses proches.... c'est ce que nous souhaitons
« ardemment..... »

En finissant cette lettre, M. Brinihol déplore l'arrêt du
roi interdisant la plantation du tabac, arrêt si préjudiciable aux cultivateurs de l'Agenois; il n'a sans doute

que peu de durée; nous n'avons trouvé aucune pièce s'y rapportant, aucune autre allusion en dehors de cette lettre et de mauvais vers adressés au régent, supplique d'un poète gascon contre cet arrêt. Ces vers ont été copiés par M. Denis ou ses enfants sur une page du livre-journal, en compagnie de devises et d'anecdotes banales.

Deux mois après cette lettre de M. Brinihol, Jean Denis vient à Bommel; il demande à son père la permission de rentrer en France (2 avril 1720). D'après sa lettre, nous comprenons que M. Denis père ne veut pas prendre de décision avant d'avoir consulté ses parents et correspondants de Bordeaux, les David Denis, qu'il avait vus aux foires de mars de Bordeaux. Les dépenses de Jean lui attirent aussi des reproches; il se défend sur ce « que tout « est cher et les gens sont si glorieux qu'il n'y a pas « moyen de faire autrement ou bien ils vous regardent « comme des gueux... si vous étiez dans un pays inconnu, « ça vous chagrinerait aussi; ainsi je vous prie pour ce « qui est de ça, ne me regardez pas d'un plus méchant « œil, et vous pouvez croire que je serai votre bon fils « jusques au dernier soupir de ma vie. Je vous prie dire à « ma chère mère que je profite autant du bonheur que j'ai « ici qu'il me soit possible (le prêche); mais pour ce qui est « d'aller communier, que dans l'endroit où je suis ils n'y « vont qu'à l'âge de 20 ou 25 ans, et que d'ailleurs il « faut du moins apprendre toute une année pour être

« reçu, car je suis intime ami du ministre d'ici, et c'est
« ce qu'il m'a dit. Je vous prie faire mes compliments à
« ma chère mère, à mon cher grand-père et lui dire que
« je prends beaucoup de part à son incommodité et que
« j'espère que Dieu, qui est tout bon et miséricordieux le
« soulagera en moins de temps qu'il ne pense..... »

Le grand-père de Jean meurt l'année suivante à la
suite d'une maladie, ou d'une infirmité déjà longue d'après
cette lettre. Jean termine son épître par des assurances
de fidélité à tous ; il n'oublie ni la tante Janille, qui avait
en préférence son *petit compère,* ni sa mère nourrice, dont
nous regrettons de n'avoir pas le nom. Il appelle les bénédictions du ciel sur ses parents et se dit : « leur très
« humble et très obéissant serviteur et fils Jean Denis. »
Dans ce même mois (avril 1720), les Denis et Hollart de
Rotterdam, écrivant commercialement à Denis de Clairac,
parlent de son fils. Il ne sait pas encore bien la langue hollandaise, difficile à parler, mais il la comprend ; ces messieurs trouvent Jean sage, mais aimant un peu trop à paraître ; ils lui en font des reproches. Ils mentionnent aussi
son désir de repartir ; il a beaucoup grandi depuis son
arrivée en Hollande. Ces braves négociants assurent
leur correspondant qu'ils s'intéresseront à son fils.

## . II

Jean Denis avait donc de bons appuis à l'étranger,
des personnes raisonnables prêtes à l'aider des meilleurs
conseils ; malheureusement comme il ne réside pas dans la
même ville que ses amis dévoués, ils ne savent pas toute
sa conduite ; son désir de repartir est considéré comme
une fantaisie, nous ne voyons pas que son père ait consenti
à cette proposition. S'il l'eût fait, il aurait empêché l'événement qui l'indispose pour tout le reste de sa vie contre
ce fils; celui-ci voulait peut-être par la fuite se soustraire à
des influences locales. L'intimité de Jean avec le ministre
de Bommel nous fait supposer que ce personnage joue
un rôle dans l'aventure suivante. MM. Denis et Brinihol,
ne sachant rien de sa vie journalière, ont l'esprit très
tranquille à l'égard de leur jeune protégé, quand celui-ci
écrit le 24 mai 1720 à ses parents, la nouvelle qui les at-
terre; ils étaient loin de s'attendre à ce coup de tête ou
de foudre.

Jean leur annonce son désir d'épouser la fille d'un capitaine, jeune personne accomplie et qu'il adore (il a
19 ans et elle 20 ou 21). La lettre débute par de longues
considérations sur la religion, il l'étudie avec ferveur
pour être « reçu à la Sainte Table »; tout pénétré de ses
devoirs religieux, il ne désire plus rentrer en France, où
il ne pourrait les accomplir. Après ce long exposé, Jean
demande comme une grâce à son père et à sa mère de
lui permettre de se marier à Bommel. Ce qu'il y a
d'étrange dans toute cette affaire, c'est que ni Jean, ni les
MM. Denis et Brinihol ne disent le nom de la jeune personne. Jean appuie sa demande dans ces termes brûlants :
« C'est le salut de mon âme... la jeune demoiselle a en-
« viron 20 ans, je lui ai juré une éternelle fidélité, je
« l'avoue que vous aurez de la peine à y consentir à
« cause de ma grande jeunesse, mais mon cher père et
« mère ce n'est point ce que vous devez regarder, car il
« faut penser que cela ne vient point de moi mais de Dieu,
« car, comme vous le savez, le mariage vient du Seigneur
« et non des hommes et que dans ce cas-là nous ne
« sommes point maîtres de nous-mêmes... il faut croire
« que Dieu m'avait prédestiné là dès ma plus tendre jeu-
« nesse et que nous ne pouvons pas aller contre sa vo-
« lonté, et si vous ne me donnez point votre consentement
« je ne puis recevoir la bénédiction de Dieu, car à vous
« ouvrir mon cœur, mon cher père et mère, je lui ai donné
« une promesse de mariage écrite de mon sang, c'est pour-

« quoi vous devez regarder que je suis marié devant
« Dieu... Elle est de très bonne famille, le grand-père à
« son père était colonel, son grand-père à elle était capi-
« taine et son père aussi ; pour ce qui est du côté de sa
« mère elle est fille d'un jurat d'Utrecht et ici son oncle
« est ministre et fort honnête homme, fort estimé de toutes
« sortes de gens et qui m'a même donné de bonnes in-
« structions et m'a prié de vous assurer de ses très hum-
« bles respects de même qu'à ma chère mère et à toute
« la famille... »

Nous soupçonnons un peu ce digne ministre qui envoie
ses compliments à la famille. Denis, d'avoir favorisé le
mariage de sa nièce avec Jean et de l'avoir fait envisa-
ger à celui-ci comme une prédestination divine, un coup
de la grâce ; au reste, vu la jeunesse et l'inexpérience du
jeune homme, il est bien facile qu'il se laisse aller à un
entraînement de ce genre. Ce qu'il y a de certain, c'est
qu'il prend au sérieux son engagement et prie ses parents de ne consulter à ce sujet « ni parents, ni amis,
« qu'ils communiquent seulement l'affaire à ses frère,
« sœurs et mère nourrice, afin qu'ils prient Dieu pour
lui... » Tout en se déclarant prêt à la soumission, Jean
avertit ses parents qu'il sera maudit de Dieu si on ne lui
permet pas de se marier avec cette demoiselle ; on voit
déjà qu'il est très décidé à ne pas abandonner sa fiancée.

M. Denis et sa femme, fort surpris et mécontents de
cette nouvelle, répondent au mois de mai en refusant

leur consentement. Nous n'avons par leur lettre, mais il
est évident par les réponses que l'âge de leur fils, l'entrave qu'un mariage accompli dans les circonstances pré-
sentes apporterait dans l'avenir du jeune homme, les dé-
cident à s'y opposer. M. Brinihol est chargé de faire
entendre les exhortations paternelles à Jean, et de lui
faire quitter Bommel au plus tôt pour l'Angleterre. Les
lettres ne franchissaient pas rapidement les distances en
1720, de sorte que Jean est encore à Bommel au mois de
juillet, écrivant mille protestations de soumission; il fera
tout ce que voudront ses parents, pourvu qu'il épouse la
jeune fille. Dans une de ses lettres il déclare à ses parents qu'ils ne peuvent vouloir la perte de son âme, et
sûrement il la perdra s'il manque à sa promesse. Il se
compare à Job, prétend que les chagrins qu'il a causés
à ses parents sont des épreuves envoyées par Dieu, dont
ils tireront une grande joie en consentant à son mariage;
il ne leur causera plus alors que de la satisfaction. Avec
l'imagination prompte du méridional, Jean se voit, une fois
marié, capable de suffire en peu d'années non seulement à
ses besoins, mais à son frère, à ses sœurs qu'on pourrait
lui envoyer. Cette lettre est une longue supplication, on y
sent toutefois une ferme intention de poursuivre son idée
en dépit de l'opposition paternelle. Jean paraît sincère
dans la croyance d'attirer sur lui la colère divine s'il
manque à sa promesse envers la jeune fille; cette croyance
part d'un cœur honnête, elle intéresse en sa faveur,

quoiqu'il soit coupable d'avoir disposé si jeune de son avenir sans l'aveu de ses parents. Ceux-ci, irrités de ce manque de confiance et de cette désobéissance, venant peut-être après beaucoup d'autres, n'ont aucun égard aux pathétiques et religieuses supplications de leur fils; leurs lettres font grand défaut dans cette histoire; on ne peut que deviner par les réponses de Hollande, l'état de leur esprit à la suite de cet événement inattendu.

Le 16 septembre 1720, M. Brinihol écrit à Clairac à M. Denis : « Ce fut le 6 août que j'eus l'honneur de rece-
« voir votre lettre du 25 juillet. Le même jour j'écrivis à
« M. Denis à Bommel, que j'avais une incluse à lui re-
« mettre de votre part. Étant venu à la maison, mon
« épouse et moi lui dîmes tout ce qu'il nous fut possible
« pour le détourner de ses amours et le porter à suivre
« votre désir et celui de M^{lle} sa mère, à quoi s'étant vo-
« lontairement soumis et promis d'y persévérer toute sa
« vie il s'en retourna au dit lieu pour y faire blanchir son
« linge et revint le 3 de ce mois ici, où il est resté jusqu'au
« 14 qu'il s'est embarqué dans un navire allant à Dublin
« nommé « the Antelope », capitaine Jean Jacob Herrevin,
« parti le même jour avec un vent favorable. Dieu veuille
« le faire arriver heureusement, lui prodiguer ses grâces
« et ses bénédictions. M. J. Denis lui a fourni le néces-
« saire autrement je l'aurais fait avec plaisir puisque je
« n'ai rien qui ne soit à votre service. » M. Brinihol termine sa lettre en priant son correspondant « de lui avoir

en payant », deux bons rouleaux de tabac à râper, odeur
du Brésil.

En écrivant le départ de Jean Denis, le bon M. Brinihol ne se doutait pas qu'il était habilement trompé ; il
pardonne sincèrement après l'avoir reconnu, au contraire
de M. Denis de Hollande, qui ne cache pas sa mauvaise
humeur d'avoir été joué par un gamin. Il ne le sait pas
encore le 26 septembre, quand il envoie à Clairac les
comptes du jeune homme ; une maladie l'a empêché de
répondre plus tôt à la lettre de son parent ; il est très
fâché des dépenses de Jean et se plaint qu'il n'ait pas
suivi les conseils de sa femme et les siens, quoiqu'il ait
trouvé chez eux l'accueil d'un enfant. Il le traite d'hypo-
crite et de menteur, écoutant d'un air soumis des avis
qu'il est décidé à ne pas suivre. « Il est parti pour Dublin
« sur un navire qui depuis 7 à 8 jours est en mer avec un
« vent favorable, j'espère que Dieu le conduira à bon
« port et qu'il profitera plus des remontrances de Monsieur
« son oncle (Pierre Denis à Dublin depuis 1699) qu'il n'a
« fait des nôtres ; nous en avons beaucoup de chagrin,
« ma femme et moi, par rapport à vous et à M^{lle} votre
« épouse, nous vous prions lui faire agréer nos regrets. »
Le portrait de Jean et l'opinion de M. Denis sur son caractère sont moins bienveillants que ceux tracés par
M. Brinihol ; quel est le vrai de ces deux portraits ?

Par le compte de sa dépense nous voyons que Jean
était arrivé en Hollande en novembre 1718 ; il avait sé-

journé d'abord à Ysselmonde, puis à Bommel. Son voyage lui avait coûté 40 livres, son père lui avait fourni une perruque, et en quittant la Hollande il achète une paire de bas de soie et une épée.

Peu après la réception des lettres lui annonçant la soumission de son fils et son départ de Hollande, M. Denis apprend, par son frère de Dublin sans doute, l'arrivée de Jean dans cette ville, mais non pas seul. Il aurait été intéressant de savoir quel accueil les nouveaux mariés avaient reçu de leur oncle, peu préparé à l'arrivée d'une nièce; il les garde quelque temps. La conduite de Jean en cette circonstance justifie les épithètes sévères de son parent de Hollande. Au moment où il promet d'abandonner son projet de mariage, de complaire en tout à ses parents, il trouve le moyen, favorisé par la famille de sa fiancée ou l'ayant aussi abusée, de s'unir légalement, quoique en secret, avec cette jeune fille. Il sait cacher son mariage si bien, qu'il séjourne avant son départ chez les Denis à Rotterdam sans qu'ils aient aucun soupçon; à l'aide d'un déguisement ou à prix d'argent, il réussit à faire passer sa jeune femme sur le navire sans éveiller d'inquiétudes, et part avec elle. Son père apprend cette nouvelle en même temps que ses correspondants de Hollande, mais ses lettres demandant des explications devancent les leurs. Il est fort mécontent et croit peut-être que son fils a trouvé des aides de sa ruse dans les personnes chargées de le surveiller. MM. Brinihol et Denis pensent aussi qu'on peut les soupçonner de complicité ou de négligence, et se hâtent de témoigner qu'ils ont été dupes, comme les parents. Le premier répond en ces termes à M. Denis, 28 novembre 1720 : « Monsieur, vos deux let-« tres du 10 de ce mois sont bien parvenues, l'une à « M. Denis, l'autre à moi. Répondant à la mienne, j'aurais « l'honneur de vous dire que si l'arrivée de M. votre fils « à Dublin avec sa chère compagne vous cause du cha-« grin, nous n'avons pas eu moins d'étonnement d'ap-« prendre après son départ le rôle qu'il venait de jouer à « Bommel dans le temps qu'il nous faisait accroire que « c'était le blanchissage de son linge qui l'y retenait et, « au contraire, ce n'était que pour nous amuser, afin de « parvenir à son but sans opposition de notre part, y « ayant réussi à l'insu de ses amis, même des gens de son « logis, étant ceux qui en ont rapporté les circonstances « suivantes, savoir : qu'il aurait supposé une de vos let-« tres contenant votre approbation sur son mariage et « en avait persuadé un ministre d'un village à trois lieues « de là, qui, l'ayant cru véritable, permit qu'on proclamât « ses trois annonces et qu'on l'épousât en un seul jour. « Ensuite étant venu ici, il y resta quelque temps avant de « pouvoir s'embarquer à cause des vents contraires. Il sut « si bien cacher sa nouvelle mariée, soutenir avec tant de « fermeté qu'il s'était détaché entièrement d'elle pour suivre « vos ordres, que nous aurions cru commettre un péché de « soupçonner son apparente sincérité et de penser qu'il eût

« été si habile dans l'art de la dissimulation qu'il aura selon
« apparence apprise dans l'école de l'amour, qui inspire à un
« amant jeune et passionné de surmonter par toute sorte
« de voie les difficultés qui pourraient s'opposer à l'ac-
« quisition de l'objet chéri, et c'est sans doute cette forte
« passion qui l'a fait écarter de son obéissance envers
« vous pour s'unir à une jeune personne âgée de 20 ans
« qu'on m'a assuré être d'une illustre famille, bien faite de
« corps et d'esprit, ayant une belle âme et étant très ver-
« tueuse; son bien présent est peu de chose, mais elle a
« des héritages futurs à prétendre. Il faut que ces raisons
« vous portent et à M$^{lle}$ Denis de pardonner leur faute,
« à être touché de compassion envers ces deux enfants,
« ne les point abandonner, leur départir toujours votre
« secours et vos bons conseils en espérant que Dieu, qui
« a permis leur lien qui doit être sacré, ne manquera
« point de l'accompagner de ses bénédictions, et c'est ce
« que nous souhaitons pour leur joie, pour la vôtre et
« pour celle de tous ses proches. »

Ces conseils d'indulgence et de pardon devaient être
mal venus, imaginons-nous, dans le premier moment où
la colère paternelle l'emportait sur le chagrin. La réponse de M. Denis de Hollande, plus sévère que son collègue, était mieux faite pour plaire aux parents irrités.
Par affection ou simplement par la pitié causée par l'iso-
lement de Jean et dans la suite par sa situation précaire,
nous verrons M. Brinihol intercéder toujours auprès dès

parents Denis et aider le jeune homme de sa bourse. A
ce moment, l'état des affaires générales était désastreux
pour le commerce; c'était la suite de la guerre avec l'Espagne, les affaires de Law; cet état justifie la parcimonie
du père Denis envers son fils rebelle.

Voici les explications que donne M. Denis de Hollande;
elles se rapprochent de celles du cousin Brinihol, comme
il l'appelle. Une attaque de goutte l'a empêché d'écrire
jusqu'au 2 décembre 1720, à cette date il dit à son parent
de Clairac : « Je vous dirai, Monsieur, que je n'ai rien su
« que quand il était parti; quelqu'un vint m'avertir qu'il
« était marié et qu'il avait amené sa femme avec lui. Vous
« pouvez croire quelle surprise ça nous fit, mais nous ne
« voulions pas le croire que je ne m'en fusse informé à
« Bommel, où il avait demeuré, et on me dit qu'il était
« vrai qu'il s'était marié; l'hôte où il demeurait me pro-
« testa qu'il n'en a rien su non plus qu'après qu'il a été
« marié. Il s'est marié à trois lieues de Bommel..... il a
« contrefait une lettre à ce qu'on m'a dit comme vous lui
« donniez votre consentement..... Vous pouvez croire
« que si je l'avais su ou que nous en eussions eu la
« moindre pensée, j'aurais empêché ce mariage..... il a
« été si fin et si rusé que personne n'en a rien su........
« Il était tous les jours chez nous et promenait avec mon
« fils et vous pouvez être bien persuadé que nous
« l'exhortions toujours à être sage, à vous donner toute
« la satisfaction qu'il serait possible, ce qu'il promettait

« beaucoup, et je vous avoue que jamais jeune homme ne
« nous a trompé comme lui. Ma femme en était fort con-
« tente et l'aimait beaucoup, mais le mal est sans doute
« qu'il s'est trompé lui-même ; on m'assure que c'est une
« fille de fort bonne famille, mais pour du bien il n'y a
« rien à espérer, apparemment que les parents ont été
« bien aises de s'en défaire. M. Penettes de Dublin m'a
« aussi écrit son arrivée et me demanda des éclaircisse-
« ments sur son mariage ; je lui répondis à peu près comme
« à vous. . . . . . . . je vous assure que nous en avons
« ressenti beaucoup de chagrin par rapport à vous et à
« M<sup>lle</sup> votre épouse, car nous comprenons bien que ça
« doit vous en donner beaucoup ; s'il avait suivi nos
« exhortations il n'aurait pas fait cette folie, car il ne sait
« pas ce qu'il fera avec une femme qui n'a rien. On m'as-
« sure qu'il n'y a rien à dire sur sa personne et qu'elle
« est assez jolie. . . . . . . la mère qui est veuve a de la
« peine à vivre. Voilà, Monsieur, ce que je puis vous en
« dire et vous assurer que j'en ai beaucoup de mortifica-
« tion. Dieu veuille le bénir. . . . . »

Cette bénédiction semble être mise là pour arrêter une
indignation violente ; elle ne part pas d'un cœur très
chaud. Le négociant est très mortifié, cela se voit dans
toute sa lettre ; comme parent du même nom, il est plus
en droit qu'un autre, de ressentir une injure un peu personnelle dans la manière dont le jeune homme a agi envers M. Brinihol et lui ; son rôle vis-à-vis du père est

plus délicat; toutes ces considérations, qu'il sent vivement, le rendent plus inflexible que son collègue Brinihol.

Les événements se chargent du reste, de donner raison
à sa prophétie de misère pour le jeune ménage. Ce mariage sera une entrave pour Jean, il ne pourra se placer
chez des négociants; nous ne savons si la jeune femme
allège les charges qui incombent avec elle à son mari.
Bien plus tard, son beau-frère de Clairac, écrivant à un
des enfants de Jean Denis, lui insinuera qu'elle n'a pas
suffisamment aidé son mari; d'autre part, les lettres de
Hollande la disent économe; le frère de Jean lui ayant
été hostile depuis le mariage, nous ne pouvons baser
une opinion sur la sienne.

Après le mariage et la fuite à Dublin, les deux re-
belles ont une entrevue avec le père Denis, et à la naissance du premier enfant, une fille, M. Denis se charge
de son éducation. Elle reste à Clairac sa vie durant, sauf
peut-être un voyage en Hollande, où sa mère refuse de
la garder. Ses parents de Clairac paraissent l'avoir trai-
tée à l'égal de leurs propres enfants, et après la mort
du père et de la mère Denis, les tantes gardent la jeune
Élisabeth auprès d'elles. Que s'était-il passé pour amener
cet arrangement? les lettres sont muettes à cet égard;
nous supposons qu'après un séjour plus ou moins long
à Dublin, Jean Denis et sa femme se sont rendus à
Clairac ou tout au moins à Bordeaux, et ont vu là leurs
parents. C'est alors qu'ils ont dû s'entendre pour laisser

leur enfant à Clairac. Ils ne rentrent en Hollande qu'en 1722, après la naissance de cette fille; nous ne retrouvons de lettre de Hollande qu'à cette date. Depuis la lettre de M. Denis de Rotterdam, du 2 décembre 1720, nous ne savons ce qui se passe entre lui, M. Brinihol et M. Denis de Clairac; cependant la correspondance a dû continuer entre eux. Le 21 janvier 1723, M. Brinihol répond à une lettre du mois de décembre 1722, portée par Jean Denis, de retour à Bommel; par cette réponse, nous comprenons que M. Denis avait pris, en dehors de ses correspondants ordinaires, des informations sur la famille de la jeune femme et avait appris que son oncle le ministre avait quelque bien. M. Brinihol pense que ces renseignements sont exacts, mais n'ayant aucun rapport avec Bommel, il ne sait rien sur la parenté ou la position de la jeune M$^{lle}$ Denis; il a entendu dire par Jean que l'oncle de sa femme avait cinquante mille florins de bien, dont ils doivent hériter; mais cet oncle ne veut rien faire pour eux sa vie durant, tant que M. Denis le père n'aura pas agi le premier. M. Brinihol supplie donc son ami de donner du secours à ces jeunes gens, s'offrant à fournir les avances que l'on voudra. Il se plaint que le jeune Denis les évite et refuse, malgré leurs avances, de renouer les relations antérieures; il n'a pas présenté sa femme à M$^{me}$ Brinihol, « quoique nous l'en eussions prié « et qu'ils soient restés quelques jours à Rotterdam». Il finit sa lettre en engageant M. Denis à ne pas envoyer de

tabac en Hollande, « la consommation étant fort petite ».
Il envoie aussi un règlement de compte de la vente de
quatre barils de prunes. De cette lettre au 16 septembre
1723, nouvelle lacune; M. Brinihol accuse alors réception
de deux lettres de M. Denis; il lui conseille de ne pas
envoyer d'autres prunes, elles ne se vendent pas; il regrette que son correspondant n'ait pas profité en temps
voulu de son offre pour les vins; qu'à présent le
commerce avec la France est « scabreux», à cause de la
quantité de papiers et la variation des espèces; pour lui,
il n'ose l'entreprendre.

M. Denis avait envoyé deux lettres pour son fils;
M. Brinihol lui dit les avoir fait passer à Bommel; il ne
sait rien de précis sur la situation du jeune ménage:
« Vous avez vu, dit-il, M$^{lle}$ votre nore, je n'en ferai point
« tout l'éloge qui lui est dû...... nous serions ravis, ma
« femme et moi, de la voir pour lui faire part non seule-
« ment de vos conseils, mais encore pour lui rendre nos
« services, ainsi qu'à son époux. » M. Brinihol offre encore de leur fournir de l'argent, tant M$^{lle}$ Brinihol et lui
sont désireux d'obliger ceux qui sont chers à M. et à
M$^{lle}$ Denis; ils sont pleins de compassion pour ces jeunes
gens réduits à une gêne extrême. Les Brinihol voudraient
que M. Denis engage son fils à reprendre avec eux
ses anciennes relations sans qu'il sache qu'ils le demandent; c'est avec une délicatesse qui n'exclue pas une vive
instance, que ces bons amis intercèdent pour obtenir une

aide efficace de la part de Denis le père. A cause sans
doute de tant de bonté si mal récompensée, Jean se sent
plus embarrassé vis-à-vis des Brinihol et se tient à
l'écart, tandis qu'il revoit son parent Denis pour se procurer l'argent si nécessaire dans sa position. Les efforts
de M. Brinihol réussissent cependant; un billet de novembre 1723 porte que Jean Denis a reçu des mains de
M. Brinihol, de la part de son père, «93 florins huit sols,
argent courant de Hollande».

En octobre 1723, après avoir traité la question des
ventes de prunes et de vins, M. Brinihol fait ce récit à
M. Denis: «Nous avons fait, ma femme et moi, un voyage
« par eau du côté de l'Allemagne, et passant devant la
« ville de Bommel, qui est située sur les bords du Rhin,
« nous nous y arrêtâmes pour aller voir M. et M^{lle} Denis,
« mais nous fûmes privés de ce plaisir parce qu'ils n'y
« étaient point; ils demeurent à la campagne. Je ne laissais
« pas de m'informer d'eux, de leur famille et de leurs
« facultés; il nous fut répondu que c'étaient tous d'hon-
« nêtes gens, même de distinction, qui vivaient bien
« mais fort doucement, manque d'opulence, que l'oncle
« avait une petite pension mal payée et que M. votre fils
« vivait avec eux, qu'on n'avait rien que de bien à dire
« de lui. Je n'ai ouï dire qu'à vous qu'il eût voulu louer une
« maison de M. Cazeaux; ledit sieur est hors ville; à son
« retour je m'en informerai; il est bon de ne pas ajouter
« foi à ce qu'on vous rapporte sans être bien assuré du

« fait.... Il y a plus de trois ans que M. Denis d'ici n'est
« plus en société avec M. Hollart.....»

Qui étaient les autres compatriotes de Denis en Hollande, ou ses correspondants, qui lui fournissaient des
renseignements défavorables sur son fils? C'est encore
un point obscur. Si la famille de M^{lle} Denis était telle que
la représente M. Brinihol, honorable, pourquoi cette rigueur des parents de Jean; faut-il l'attribuer à sa conduite personnelle? il paraît manquer de persévérance
dans les affaires, semblable en cela à bien de ses compatriotes; ou bien est-ce l'absence de fortune de sa femme?
Les réponses de Denis le père nous manquent pour ré-
soudre ces questions. Dans les lettres qu'il écrit, dans ses
déplacements à Bordeaux, à sa femme ou à son second
fils, il ne parle presque jamais de Jean. Une fois il dit
avoir eu des nouvelles, Jean et son fils ont été malades, une autre fois le frère resté à Clairac écrit que le
moins on parlera de Jean sera le mieux. Malgré cette
froideur et ces jugements sévères, les Denis de Clairac
élèvent la petite Élisabeth et finissent par envoyer à ce
fils, si peu estimé en apparence, plus que sa part légitime.
Sur ce dernier point les supplications de M. Brinihol
entrent pour une large part; Denis ne consent à ces sacrifices qu'après bien des demandes, des retards, qui parfois les rendent moins efficaces, sinon inutiles.

Rendant compte à M. Denis d'une visite de Jean, voici
ce qu'écrit M. Brinihol en janvier 1724 : « Le 8 de no-

« vembre nous eûmes l'honneur de voir M. votre fils aîné
« chez nous..... Nous sommes ravis que vous soyez un
« peu revenu en sa faveur, (c'était après l'envoi des 93
« florins) et nous vous supplions de lui rendre votre pre-
« mière tendresse, de la faire rejaillir sur M^{lle} son épouse
« et sur ses chers enfants. Hélas ! nous n'en avons plus,
« et nous en sommes privés même jusqu'à un neveu, fils
« unique à mon frère et le seul de ma famille qui portait
« mon propre nom, qui avait été un peu volage dans sa
« jeunesse, ce qui m'avait obligé de le faire passer en
« Angleterre, où depuis plusieurs années il s'était telle-
« ment régénéré par la bonne vie qu'il menait, que j'en
« avais intérieurement une joie des plus vives; mais de-
« puis peu j'ai appris sa mort. Mon affliction n'en saurait
« être plus grande ; je m'étais flatté de le voir un jour
« faire honneur à sa famille et me servir de consolation à
« moi-même, mais Dieu a jugé à propos de rendre mes
« espérances vaines. Je fais tout ce que je puis pour me con-
« soler en lui; cependant la nature veut avoir le dessus et
« me rend cette perte comme la plus sensible qu'il me peut
« arriver. Voyez donc, Monsieur, si je verse des larmes
« continuelles sur la perte de mon cher neveu, que je
« chérissais autant que moi-même, sans pourtant le lui avoir
« fait connaître directement, ce qui augmente mon afflic-
« tion; combien ne devez-vous plus faire pour un fils
« aîné, lui pardonner tout le passé, être ému de compas-
« sion envers lui comme Dieu l'est envers nous et avoir

« soin de lui en l'aidant de votre secours, puisqu'il ne
« peut se le procurer par lui-même.......... Je vous
« conjure donc, pendant que Dieu vous conserve, de leur
« faire tout le bien possible ; il n'en sera plus temps lorsque
« nous ne serons plus sur cette terre ; ainsi pendant que
« nous y sommes, faisons ce que nous pouvons. Nous
« vous sommes bien redevables, ma femme et moi, des
« vœux que vous avez eu la bonté de faire pour notre
« conservation ; nous en faisons aussi pour la vôtre, pour
« celle de M^lle Denis, pour votre chère famille et pour
« toutes les personnes qui vous sont chères. Dieu veuille
« vous combler tous de joie, de bonheur et de prospé-
« rité...... »

Touchante lettre, elle nous révèle la cause de l'affection portée par M. Brinihol au jeune Denis ; éprouvés
dans leur sentiment de famille, M^me et M. Brinihol se
sentent plus bienveillants pour les jeunes gens, qui leur
rappellent celui qu'ils ont perdu. Ce sont les natures
d'élite qui se purifient ainsi au souffle de la douleur et
de la mort, qui, au lieu de fermer leur âme, l'ouvrent
plus grande à leurs semblables malheureux. Ces bonnes
paroles ne se perdent point. M. Denis écrit plus affec-
tueusement à son fils, d'après une lettre de Jean de 1724,
remerciant son père et sa mère d'être revenus à lui.

Au mois de juin 1724, M. Brinihol assure que le jeune
homme est tout à fait repentant de sa désobéissance et
désireux de travailler ; il envoie sous son enveloppe une

lettre de Jean; elle ne nous est pas parvenue. Le jeune ménage avait alors un autre enfant, un fils. Dans cette lettre, M. Brinihol supplie M. Denis de ne pas poursuivre l'idée de faire casser le mariage de son fils; ce serait, dit-il, un péché devant Dieu. M. Denis lui avait fait quelques ouvertures à ce sujet probablement, peut-être sans intention arrêtée; nulle autre part il n'en est question. Jean ne savait certainement pas les idées de son père à ce sujet, sur lequel M. Brinihol ne revient plus.

Au mois d'août, Jean Denis travaille chez un tonnelier pour apprendre ce métier et le coupage des vins. M. Brinihol, en l'annonçant à la famille, dit que c'est un commerce très lucratif, dans lequel nombre de gens ont fait fortune; en même temps il félicite M. Denis d'avoir placé son second fils, Jean-Jacques, dans un bon comptoir à Bordeaux. Cette année paraît avoir amené entre MM. Denis de Clairac et de Bordeaux, et M. Brinihol un commerce actif sur les vins. M. Denis de Clairac les achetait bien choisis dans les coteaux environnants et les expédiait aux David Denis; ceux-ci les faisaient partir pour la Hollande; le bénéfice des ventes faites par M. Brinihol était partagé entre eux trois. D'après les détails donnés par M. Brinihol, les Hollandais n'aimaient que le vin rouge très foncé, ayant le goût du raisin; ils le buvaient avec le froid, ensuite ils n'en voulaient plus. Le vin envoyé trop avant dans l'automne risquait de se gâter en restant en magasin, ou de ne pouvoir entrer à cause des glaces.

Le 17 août 1724, Jean Denis informe lui-même son père de ses arrangements avec le tonnelier de Bommel. Il remercie du pardon qu'on lui a accordé, promettant de ne se conduire désormais que par les conseils de sa famille; il demande un peu d'argent pour son temps d'apprentissage. Jean avait pris son père pour parrain de son fils : « Il est fort aimable et je suis persuadé que si « vous l'aviez vu, vous auriez de l'amitié pour lui. » La place de son frère à Bordeaux le réjouit, il lui envoie ses compliments. M. Brinihol, tout en étant plein d'indulgence pour cet exilé, ne laisse pas que d'agir avec prudence à son égard; au mois de janvier 1725, tout en félicitant M. Denis de ses bonnes dispositions envers son fils, il l'engage à ne les lui faire connaître que le jour où Jean aura une position établie. Si à cause des « chers enfants» M. Denis veut envoyer plus d'argent, M. Brinihol s'offre pour le placer sûrement à l'intérêt pour plus tard.

En février, Jean écrit à ses parents pour les remercier de leur secours; il leur souhaite la bonne année. Un mot de M. Brinihol accompagnant cette lettre, informe les parents qu'il a essayé de placer Jean chez plusieurs négociants, mais sa position d'homme marié l'a fait refuser partout. Pour aplanir les difficultés, M. Brinihol demande si les Denis ne prendraient pas à Clairac un jeune Hollandais voulant apprendre le français, et leur fils prendrait la place du jeune Hollandais à Rotterdam. Cette combinaison n'aboutit pas ; un négociant, M. Broomsma, se décide à prendre le jeune Denis à l'essai. Il s'y trouve bien, et le négociant et sa femme semblent très contents de lui. En apprenant cette nouvelle à M. Denis, M. Brinihol lui recommande de ne pas en témoigner trop de satisfaction à son fils : « Il faut avoir l'œil sur lui ; j'ai été « obligé de lui laver la tête pour avoir acheté des mou- « choirs à 32 sols la pièce..... Je ne fais nul doute que « moyennant Dieu et votre secours et celui de ses amis « il pourra parvenir facilement ; mais encore un coup, « quand vous lui écrirez, il ne faut pas trop le flatter et « lui ordonner de ne rien faire, ni directement ni indi- « rectement, sans votre aveu. Il est venu dépourvu de « tout ; dans une ville comme la nôtre, on ne peut se dis- « penser de faire de la dépense plus qu'ailleurs ; il a be- « soin d'un habit, chapeau, bas, souliers, perruque, linge, « etc., bien d'autres choses..... je vous prie de ne point « lui refuser, puisque nous épargnerons autant que faire « se pourra. »

Les Hollandais étaient encore magnifiques dans leurs habits et dans leur intérieur, ils se sentaient du voisinage de ces riches bourgeois flamands, mieux vêtus que leur prince. Jean, qui aimait à paraître, devait souffrir de ne pou- voir les égaler, et l'habillement d'un homme élégant à cette époque n'était pas une petite chose. Pour une raison qui nous échappe, M. Brinihol recommande aux parents Denis de ne pas dire que leur fils a l'intention de s'établir

comme marchand à Rotterdam. Jean écrit sous le même
pli que son ami; il confirme son dénûment matériel; selon
son habitude, il assure de ses compliments « tous ceux
« de la maison, sans oublier ma Petite ».

# III

Pendant que ces événements se passaient en Hollande, M. Denis soutenait ses procès contre les Beau, contre les associés pour la vente des tabacs et diverses autres personnes de Clairac; ses nombreuses occupations n'arrêtent pas son commerce avec les Denis de Bordeaux, les Laumont, et avec Rotterdam. Son fils lui accuse réception, au mois de juin 1725, de la perruque et des chemises qu'il a envoyées; la jeune M^lle Denis fait remercier ses beaux-parents de leur bon souvenir, elle leur demande la continuation de leur amitié, les assurant de ses « très humbles respects ». M. Brinihol fait savoir en même temps que M. Pieter Broomsma et sa femme sont toujours très contents de Jean Denis; il est très adroit dans tout ce qu'il fait. M. Brinihol prie, en finissant, M. Denis de vouloir bien lui rendre le service de faire tenir en mains propres, une lettre pour M. de Loches de Bernadeau, « qui a été capitaine et doit faire sa résidence aux environs de Clairac ». C'était un parent des Brinihol, et

nous apprenons par une lettre de novembre 1725, que
M. Denis a fait la commission ; il s'emploie même pour
un neveu de ce capitaine, afin de l'établir en Hollande ;
il y réussit au delà de ses espérances. Moins heureux
pour son fils, M. Denis a la contrariété d'apprendre, en
mai 1726, qu'il a quitté M. Broomsma sans en parler à
M. Brinihol. Averti après la chose faite, M. Brinihol
marque son mécontentement à Jean, qui retourne à Bommel ; il y reste longtemps sans donner de ses nouvelles.
En racontant ces faits à M. Denis, M. Brinihol plaide
toujours l'indulgence à cause de la jeune femme et des
petits enfants, qui ont besoin du secours de la famille.

Sa lettre est longue, et ses affaires particulières mêlées
avec les commerciales ; parlant de celles-ci : « MM. les
« Français, dit-il, ont beau crier qu'il y a peu d'appa-
« rence aux vignes, on ne les croit pas, parce qu'ils sont
« accoutumés de crier la même chose toutes les années ;
« cela ne fait pas hausser les denrées ici ; ils feraient
« mieux, lorsqu'ils envoient leurs vins, de marquer simple-
« ment de les vendre d'abord que de les tenir en suspens,
« d'autre côté observer dans la suite d'envoyer les vins
« en barriques et non en tiersons..... » Tout ceci nous
paraît une leçon indirecte à l'adresse de son correspondant. « Vous aurez appris sans doute le nouveau Placart
« de nos souverains qui défend de rien faire entrer sans
« payer les droits ; j'ai été obligé de payer pour les che-
« mises et la perruque 28 d., que je passe aux frais du

« compte..... Je prie M. Fournier de ne pas me faire de
« nouvelle perruque, celle qu'il m'a envoyée n'est pas de
« beaucoup assez blonde pour moi. Premièrement je l'ai
« remise à M. Isaac Galup, maître-perruquier ici et ci-
« devant à Nérac, que M. Fournier connaît bien, pour en
« faire l'estimation, ce qu'il a fait avec deux autres per-
« ruquiers hollandais, et m'ont rapporté qu'elle pouvait
« valoir tout au plus que 3o florins d'argent. »

Les perruques françaises avaient sans doute une grande
supériorité sur les perruques de Hollande, puisque, en
dépit des droits, on les faisait venir de France, ou bien
ledit Fournier avait une réputation dans cet art. M. Brinihol trouve la sienne trop chère et trop foncée, ce qui
nous apprend qu'on ne portait pas encore la poudre; il
veut vendre cette perruque et faire rabattre du prix à
M. Fournier; cette négociation l'entraîne à une longue
discussion. Il prie encore M. Denis de faire passer un
paquet à M. de Loches.

Jean Denis n'ose plus rentrer à Rotterdam, n'ayant
que des dettes en cette ville ; il quitte même Bommel en
juillet 1726, avec sa famille, pour un petit village du nom
d'Aelst. M. Brinihol envoie une personne de confiance
prendre quelques informations sur leur état; il écrit à
M. Denis qu'ils sont misérables, et sollicite en leur faveur.
Ce que M. Brinihol voudrait obtenir, c'est que les dettes
se payent; là-dessus il ne s'entend jamais avec son correspondant; les enfants et la jeune femme lui font une

profonde compassion; il excuse Jean, pensant qu'il n'a agi que par étourderie. Vu à distance à travers le peu de détails donnés par M. Brinihol, Jean fait l'effet d'un homme insouciant, léger, d'un bon naturel, trop facile à gouverner par la vanité, ne persévérant dans aucune ligne de conduite, vrai caractère du méridional. Son père, tenace et très actif, devait être d'autant plus irrité contre les défauts de son fils, tous opposés à sa nature. C'est surtout aux pressantes sollicitations de M. Brinihol qu'il cède en envoyant des secours à Jean; malheureusement en ne voulant pas payer ses dettes de suite, on laissait subsister une entrave à tout ce que Jean pouvait entreprendre.

Une visite faite au mois d'août 1726, par les jeunes Denis aux Brinihol, est ainsi racontée par M. Brinihol, le 11 novembre suivant: « Ma femme fut charmée de M^lle Denis, « qui était alors enceinte et vous a donné depuis un nou- « veau petit-fils, dont nous félicitons vous et M^lle votre « épouse, en priant Dieu de le bénir. Cette pauvre femme « versa quantité de larmes en présence de son époux « pendant les longues conversations que nous eûmes en- « semble... Je ne crois pas que les parents de sa femme leur « soient à charge, ni que les vieilles dettes de M. votre fils « aillent au delà de ce que je vous ai marqué, ainsi que mon « avis serait que vous les acquittassiez, d'autant mieux « que ce qu'il doit au batelier de Bommel est en partie « pour des fromages, beurre, etc., qu'il vous a envoyés.

« Ma femme serait aussi du sentiment que vous ris-
« quassiez mille à douze cents florins argent d'ici pour
« l'aider à commencer un établissement, et comme il ne
« manque ni de génie ni d'intrigue, il y a à espérer qu'il
« pourra réussir..... Il me prie de continuer d'agir en-
« vers vous en sa faveur en vous suppliant et à sa tendre
« mère de vouloir être émus à pitié et à compassion
« envers ses pauvres petits enfants. Il ne vous demande
« que ce qu'il vous plaira lui donner pour un commence-
« ment, vous promettant (ce sont ses propres mots) de
« bon cœur que je conserverai ce qu'il me donnera en
« véritable honnête homme. Je vous avoue que je suis si
« fort touché de ce que je viens de vous dire de cette
« triste famille et de ces tendres enfants que je n'aie pu le
« faire sans verser des larmes; faites donc en sorte, je
« vous en conjure pour l'amour de Dieu et pour celle
« que vous devez avoir pour eux, de les consoler et de
« les réjouir par un prompt secours qui surpasse leur
« demande et leur attente. »

Par ce même courrier, M. Brinihol envoie une autre
lettre au capitaine de Loches, et demande une réponse
pour sa perruque. Les lettres, qui passaient soit par Bordeaux et la mer, ou bien par la voie de terre, mettaient
quinze jours pour aller de Rotterdam à Clairac, il fallait
donc un mois et davantage pour la réponse; de si pressantes demandes restaient longtemps sans être accor-
dées. Les Denis envoyèrent un petit secours; Jean les

remercie au mois de décembre 1726 en leur annonçant la naissance de son second fils. Nous respectons l'ortho-graphe de cette lettre et la transcrivons en entier pour donner une idée plus complète de la manière d'écrire de ce temps :

« Monsieur mon très cher et très honoré Père

« et Mère,

« J'ay reçu l'honneur. de votre agréable lettre du 24
« passé en son temps, par laquelle je voy que vous avés
« de la paine à croire ce que je vous ay écrit, je vous
« promets bien, mon cher père et mère, d'être tout ce que
« vous pouvés espérer d'un fils qui ne s'atache qu'à bien
« faire dès à présent pour réparer le passé moyennant
« dieu, la suitte du temps vous le faira connoître et que
« du petit fonds que vous avés la bonté de me remettre
« je le conserveroy fort soigneusement le faisent valoir
« dans mon commerce le plus adroittement qu'il me sera
« possible. Je me fairé l'honneur de vous dire que ma
« femme cet accouchée d'un fils, elle ce porte Dieu mercy
« bien de même que l'enfan que j'aye fait apellé Pierre
« Denis, ce que je vous prie d'avoir pour agréable. Je.
« vous soitte une bonne fin d'année un bon commence-
« ment dans celle que nous alons entrer ; que Dieu vous

« fasse vivre longs jours en santé et en prospérité et à la
« fin de vos jours la couronne incorruptible, voilà les
« soits que je vous fais mon très cher Père et Mère, que
« je vous prie d'en faire de même à mon frère sœurs
« Ma fille, Ma mère norice et tous les parents et amis,
« ma fame en fait de même, nous nous portons bien
« dieu mercy je soite qu'il en soit de même de vous et
« suis sans réserve Votre

« très humble et très obéissant serviteur et fils

« JEAN DENIS. »

Une autre lettre de janvier 1727, dans laquelle Jean
s'excuse de n'avoir pas dit « à qui il a donné son fils en
batême », nous apprend que l'oncle Denis vivait toujours
à Dublin. Jean le prend pour parrain avec sa sœur aînée.
Comme les ports de lettres sont très chers, il ne leur
écrit pas directement et prie son père de le leur faire savoir ; il est peu probable que Pierre Denis ait jamais vu
son filleul, et la marraine encore moins. Jean remercie
encore ses parents de leur bon vouloir et demande du
vin pour le revendre. Après cette lettre, comptant beaucoup trop sur les marchandises qu'on peut lui envoyer,
le jeune Denis loue une maison plus grande pour y mettre
le vin, s'assure du concours de quelques personnes et ne

7

reçoit rien. Son père, très occupé de ses procès, n'avait peut-être ni le temps, ni les moyens de lui envoyer beau-coup de vin; d'autres obstacles imprévus que nous men-tionnerons plus loin sont cause aussi de cette fâcheuse situation. Jean, aux prises avec la misère, plus triste au moment où il avait cru en échapper, écrit au mois de mars une lettre désespérée et suppliante. Il passe, dit-il, la plus belle partie de sa jeunesse dans l'oisiveté et ne peut nourrir ses enfants. Ignorant tous les tracas de M. Denis, M. Brinihol appuie chaudement les réclama-tions de Jean; prenant la voix des petits-enfants si aban-donnés, il s'écrie : « Ces chers enfants crient d'une voix « tendre à leur grand-père et grand'mère : que vos en-« trailles de compassion soient émues envers nous, vos « faibles petits-enfants, mettez sans plus de retardement « notre père en état de pouvoir nous donner du pain, « afin que nous ne languissions point et que par son tra-« vail nous puissions vivre. Je vous supplie, M. et M<sup>lle</sup> De-« nis, de vous laisser fléchir aux supplications que ces « jeunes créatures vous font par moi, en ne renvoyant « pas d'un moment à faire toucher ce qu'ils vous deman-« dent pour leur père et pour eux, car de le faire plus « tard ce serait hors de saison..... »

Sans nouvelles de ses parents après cette lettre, Jean écrit d'Aelst à M. Brinihol : sa femme et lui ne savent plus que devenir, ayant tout dépensé pour établir un commerce qu'ils ne peuvent continuer faute d'argent et de marchandises. Dans l'intervalle il était arrivé qu'un navire chargé de vins venant de Bordeaux avait fait naufrage, l'équipage seul s'était sauvé; les Denis avaient perdu tout leur vin, des prunes envoyées précédemment s'étaient gâtées et n'avaient pu se vendre qu'avec perte. Ces deux fâcheuses circonstances sont évidemment la cause du retard qu'éprouve Jean Denis à sortir d'embarras. A la fin d'avril et au mois de mai 1727 M. Denis leur envoie de l'argent, ils en donnent des reçus signés du mari et de la femme; nous apprenons ainsi le nom de M^lle Denis : Magrilta Pallée. Un de ces reçus est de cent florins, l'autre de trois cents, tous deux au nom de M. Denis père. Ce secours remonte un peu le pauvre ménage. Jean écrit au mois d'août que son commerce va assez bien, mais qu'il aurait besoin d'un peu plus d'argent. Il achète du vin à un M. Van der Kun et demande pour lui des renseignements sur les vins de Sainte-Foy (Gironde). Au mois d'octobre, M. Brinihol donne de bonnes nouvelles du commerce de Jean et de sa conduite; il n'écrit pas à sa famille à cause de la cherté des ports. M. Brinihol prie M. Denis de faire passer un nouveau message à M. de Loches. Il achète du tabac, par l'entremise de M. Denis, à un M. Geneste, de Laparade, parent de la belle-mère de Denis. Un frère de ce Geneste était négociant à Rotterdam, il en sera parlé plus loin.

Jean Denis reprend la plume au mois de novembre : « J'ai bien reçu l'honneur de votre obligeante lettre du

« 1er septembre passé, par laquelle vous me dîtes de me
« tranquilliser et que vous êtes après à travailler pour
« me faire un petit établissement et que cela n'ira pas
« loin. Mon très cher Père et Mère vous me dites que vous
« m'enverrez un peu de linge de chaque espèce pour notre
« usage, j'admire de plus en plus les bontés que vous avez
« pour un fils qui s'était rendu indigne d'oser espérer jamais
« la moindre de vos faveurs, mais grâces à Dieu je vois
« en vos personnes, un père et une mère pleins de com-
« passion et de charité pour moi et ma tendre famille,
« j'espère que le ciel vous comblera de ses bénédictions
« spirituelles et sensuelles pour pouvoir achever en moi
« ce que vous avez déjà commencé de si bon cœur... soyez
« du moins persuadé que je vivrai en honnête homme
« moyennant le seigneur qui par sa providence infinie
« fait aller mes affaires de mieux en mieux, ayant aujour-
« d'hui plus de débit que pas un marchand de cette ville
« et je suis estimé de tous les honnêtes gens. »

Jean recommande dans sa lettre qu'on écrive bien son
adresse, « étant fort dangereux que les lettres se perdent ». Nous aurions aimé à savoir si M. Denis le père
parlait dans ses lettres à son fils de la jeune Élisabeth,
de la mère nourrice, qui devait être une autre mère-grand
pour la fille de son nourrisson. Il devait parler des récoltes,
dans les lettres que nous avons de lui à sa femme, c'est un
de ses sujets favoris; les conseils d'économie, de commerce,
y trouvaient place aussi, les nouvelles de la famille, ces

dernières assez brèves sans doute; Jean se plaint du peu de détails que lui donne son père sur sa fille. M^lle Denis a-t-elle jamais écrit à ce fils exilé? Deux lettres seulement à notre connaissance, une que nous avons citée au moment du départ de Jean pour la Hollande et une autre beaucoup plus tard, où elle lui apprend tous les sacrifices faits pour lui. Les réponses de Jean sont toujours adressées à son père et à sa mère; il est à croire que celle-ci ne lui écrivait guère, se bornant à beaucoup penser à l'absent et à appuyer auprès de son mari les demandes de secours.

Vers le 19 décembre 1727, Jean souhaite la bonne année en remarquant qu'il n'a eu de leurs nouvelles qu'une fois, par M. Brinihol. Les souhaits sont présentés sous une forme évangélique, peut-être en usage parmi les huguenots : « Que vous puissiez vivre de longs jours avec « ma chère Mère et que dans ce temps là le Dieu du Ciel « vous fasse vivre en paix et en félicité tout le reste de « vos jours pour que, à la fin de votre carrière, Jésus- « Christ vous dise : venez à moi les bénis de mon père « posséder en héritage le royaume qui vous a été préparé « dès la fondation du monde. Voilà les souhaits que je « fais, mon très cher père et mère, espérant que vous « les aurez pour agréables comme venant d'un fils « qui vous estime et vous chérit du plus profond de « son cœur. Ma femme vous fait les mêmes souhaits « que moi-même, qu'à mon cher frère et sœurs et petite,

« sans oublier ma mère nourrice et tous les parents et
« amis.......»

Jean demande aussi du vin, et dit à son père d'en envoyer du blanc à M. Van der Kun et de lui écrire. Il
cachète ses lettres avec un cachet surmonté d'une couronne comtale. Les Denis n'avaient pas d'armoiries, Jean
a dû les composer ou les prendre à sa femme.

M. Denis remercie son fils de ses souhaits en janvier
1728; il lui envoie du vin à vendre. Jean en accuse réception au mois d'avril, et mis sans doute au courant de
certains ennuis de sa famille, il demande ce que sa sœur,
qui était au couvent, est devenue. C'est la jeune fille internée en 1720; comme Jean, nous voudrions savoir ce
qui en était advenu. Jean offre, si sa sœur est de retour
dans la maison paternelle, de la prendre chez lui pour
éviter d'autres vexations. Elle pourrait, dit-il, venir avec
ma fille « pour goûter le plaisir de servir Dieu sans
« craindre ses ennemis; le plus tôt serait le mieux.» Cette
proposition ne fut pas acceptée; en 1731, M. Denis avait
ses deux filles chez lui, nous ne savons depuis quand; il
était encore question alors de les soustraire aux recherches des persécuteurs, mais grâce à des protections ou à
la tolérance des personnes chargées d'exécuter l'édit en
Agenais, les jeunes Denis ne quittèrent pas le domicile de leurs parents. Dans la lettre de Jean, d'avril 1728,
M. Brinihol ajoute quelques mots; il revient sur le payement des dettes de Jean. Son commerce va bien; si l'on

payait cet arriéré de suite, il marcherait mieux à son avis. Faisant probablement allusion aux vexations religieuses, il appuie son conseil de cet argument : «C'est «peut-être par lui, (Jean Denis) que la Providence vous «réserve un asile pour votre bonheur..... »

Trop d'intérêts matériels et d'affection retenaient la famille Denis à Clairac pour songer à s'expatrier ; le père n'a jamais sérieusement pensé à le faire, fort de sa confiance en Dieu et de son habileté pour éluder les tracasseries avec l'aide de puissants amis, dont les noms ne nous sont pas parvenus.

La suite de la lettre nous montre M. Brinihol comme il nous est apparu déjà dans sa conduite envers le fils Denis, homme de cœur secourable à tous les malheureux : « Je « suis affligé de vous apprendre que M. Pierre Ravanel «a été trouvé insolvable ; je l'avais fait emprisonner à « Nimègue ; il a fallu le faire relâcher pour éviter de plus « grands frais..... votre dû est perdu ; je perds en mon «particulier plus de quatre cents florins outre les dits «frais, de quoi il faut se consoler. Cet homme était de- « venu si pauvre par les banqueroutes qu'on lui avait faites, « qu'il a été obligé de se mettre à la charge de l'église « pour pouvoir subsister ; il faut que je vous avoue que s'il « m'avait fait connaître son triste état, bien loin de l'avoir « traité à toute rigueur comme je l'ai fait, dont j'ai un « vrai repentir, je l'aurais plutôt secouru, parce que depuis « plus de vingt années je l'ai connu pour honnête homme.»

Il est probable que si M. Brinihol n'avait eu que sa
dette à faire rentrer, il n'aurait pas employé les moyens
rigoureux contre ce pauvre M. Ravanel. Parlant de lui
dans une autre lettre, M. Brinihol accuse des marchands
allemands de sa faillite, et déplore de n'avoir pas connu
sa position avant d'avoir engagé des affaires avec lui
pour un négociant de Bordeaux, M. Benoît ; mais, dit-il,
. « l'homme propose et Dieu dispose ». Ces deux lettres de
Jean et de M. Brinihol restent si longtemps sans réponse,
que Jean écrit au mois d'octobre 1728, pour savoir si ses
parents sont malades ; il s'informe de l'apparence des
vendanges ; il a encore besoin d'argent, ayant beaucoup
de frais et nombre d'acheteurs à crédit. Il assure ses parents qu'il est toujours digne de leurs bontés. Cette fois
il obtient une réponse immédiate donnant les raisons du
long silence des parents, raisons approuvées et com-
prises par M. Brinihol et par Jean, mais qu'ils ne font pas
autrement connaître dans leurs lettres. Ce n'étaient pas
des motifs de santé, Jean félicite ses parents sur ce sujet ;
il réclame toujours des subsides, et son ami assure qu'il en
est digne : étant laborieux, intrigant, — ce mot est employé
sans doute dans le sens d'habileté commerciale, — fort aimé ;
il serait à désirer, dit M. Brinihol, que les secours qu'on se
décide à lui envoyer arrivent plus promptement. Sa lettre
contient le récit de la mort de M. Geneste, dont il a été
question déjà : « Il était venu me prier, ma femme et moi,
« dans un temps que j'avais la goutte et quinze jours avant

« sa fin pour aller chez lui avec un nombre de conviés pour
« célébrer la Saint-Jean, dont il portait le nom. Mais le
« jour avant il mourut avec la résignation d'un bon chré-
« tien, et une heure avant qu'il n'expirât je me fis porter
« chez lui en carrosse pour le voir, parce qu'alors je ne
« pouvais marcher ; il était assis sur une chaise, il prit
« congé de moi en disant qu'il allait rendre son âme à
« son Dieu, et effectivement un moment après il se leva
« de sa chaise en faisant signe de la main en haut, il
« rendit l'esprit. Je n'ai su qu'après son décès qu'il m'eut
« fait un des exécuteurs testamentaires, comme il y a
« joint M. Nicolas Mestre, homme de probité, qui, pour
« me soulager, a bien voulu avoir la bonté de se charger
« de l'examen des comptes..... »

Quel simple récit, digne au reste de la tranquille grandeur de cette fin ; M. Denis s'intéressait à cette relation
par les rapports existants dans sa famille et par son commerce ; il venait d'envoyer du tabac à vendre à ce M. Geneste ; M. Brinihol demande des instructions au sujet de
cette marchandise.

## IV

Bien des mois s'écoulent à partir de ces lettres du mois
de novembre 1728, sans aucune de Jean. Le 14 mars
1729, M. Brinihol écrit à M. Denis qu'il a reçu sa lettre
de février et les subsides pour son fils; ils en sont tous
très contents. Il le félicite de la naissance d'un autre
petit-fils, espérant qu'un jour il fera le voyage de Hol·
lande pour connaître cette famille. En comptant la fille
élevée à Clairac, Jean avait alors quatre enfants; son
commerce marchait assez bien, mais avec tant de charges
sa situation restait précaire. M. Brinihol demande de
nouvelles instructions pour le tabac resté dans les maga·
sins de feu M. Geneste; il est tout pourri; il regrette que
M. Denis n'ait pas voulu baisser le prix pour s'en dé·
faire; on ne peut plus guère en tirer parti.

Ce même mois de mars, Jean communique à ses pa·
rents la naissance de son troisième fils; ils vont tous très
bien, il travaille, mais a besoin du secours de ses pa·
rents. Jean est très reconnaissant de ce qu'on lui a en·
voyé et promet de toujours « se rendre digne de leurs

bontés». Il prie son père de laisser la lettre ouverte quand il lui en envoie par M. Brinihol, « n'ayant rien de caché «pour M. et M<sup>lle</sup> Brinihol qui ont été et sont pour moi «comme un père et une mère». Cette lettre est expédiée par M. Brinihol, qui presse M. Denis de lui ouvrir un crédit pour son fils, afin de pouvoir lui avancer les fonds nécessaires en temps utile sans être obligé d'attendre des réponses de Clairac; il ne faut pas que le jeune Denis sache qu'il a cette facilité.

En 1730, M. Denis envoie du vin de Clairac à M. Van der Kun, son fils lui avait noué cette relation; ils n'eurent pas à se louer de ce nouveau correspondant, il fait perdre à Jean Denis. Dans le cours de cette année, les lettres de Hollande sont rares; aussi nous allons laisser Jean Denis à son commerce et voir ce qui se passe chez son père.

C'est le moment où M. Denis est le plus occupé de ses procès; il envoie son fils Jean-Jacques à Bordeaux pour les suivre et voir les procureurs, avocats, conseillers. Il en avait trois en train: le procès Gonnet qui touchait à sa fin, celui de Beau, et un avec le beau-frère Penettes; c'est à celui-ci ou au procès Beau que se rapporte le fragment de lettre suivant; nous le citons comme un échantillon des sentiments qui naissent trop souvent entre parents quand les intérêts d'argent sont en jeu; c'est un mari qui écrit à sa femme, Beau ou Penettes:

« Je te dirai, chère amie, que nous ne sommes pas en-

« core jugés, mais je suis convaincu que nous aurons un
« jugement favorable par notre bonne cause et par la
« puissante protection que j'ai ici. Je te dirai même que
« pour rendre Denis plus odieux et le faire voir dans son
« tort j'ai eu l'honneur de voir M. de Saint-Savin (parent
« de M. Denis et conseiller au parlement de Bordeaux)
« et M. de Morat, qui m'ont reçu gracieusement et à qui
« j'ai détaillé notre procès; ils m'en ont paru touchés en
« telle manière qu'ils m'ont promis d'en écrire à Denis;
« ainsi, s'il leur résiste, ce sera le moyen qu'ils l'aban-
« donnent. Pour ce qui est de l'affaire de l'office de M. Du-
« thil, j'attends demain la réponse de Paris et soudain
« je te dirai ce qui se passera. »

Comme on voit par ce billet, Denis avait à faire à
forte partie, elle ne lui ménageait pas les ennuis. Son fils
à Bordeaux lui écrit pour toutes ces affaires; il le prie
de la part d'un de leurs amis, M. Sigal, de renvoyer le
fils Sigal de Clairac, « qui s'y trouve en très mauvais
« équipage, se livrant à tous les vices», de le faire embarquer pour Bordeaux, en recommandant au batelier
de ne pas le laisser descendre à Bordeaux avant que sa
famille soit avertie. Pour amener à bien cette exécu-
tion, M. Denis est chargé de s'entendre avec M. Sala-
voine, qui payera les dettes du jeune homme de la part
de M. Sigal. Ce fils Sigal, revenu à une meilleure vie,
devint l'ami de Jean-Jacques; il y a de lui des lettres à
Jean-Jacques.

A la fin de 1730, M. Denis le père se rend lui-même à Bordeaux ; de cette ville il écrit à sa femme pour lui recommander ses affaires, entre autres celle du moulin de Longueville, faubourg de Clairac, sur l'autre rive du Lot. Il possédait à ce moulin un sixième de meule. Il avise aussi sa femme d'achats de vin. Dans cette lettre, M. Denis envoie une copie d'une lettre d'un marchand de Rotterdam, il l'accompagne de cette réflexion : « je n'aime pas les gens si variables ». La copie s'est perdue, nous ne savons si c'est son fils aîné qui lui suggère cette phrase, ou s'il parle de M. Van der Kun. Son séjour à Bordeaux est, croyons-nous, assez long ; il y est encore en février 1731, et sa lettre du 19 prouve qu'il est dans cette ville depuis un certain temps. Il répond à Jean-Jacques sur la disparition d'une barrique de vin, recommandant à son fils de la rechercher de toutes les manières. Il lui enjoint l'ordre de ne vendre les grains que contre de l'argent, en ayant grand besoin ; bien des transactions se faisaient alors par échanges de marchandises, mais Denis, avec tous ses procureurs et avocats, sentait la nécessité d'avoir de la « bonne monnaie ». Il indique à son fils toutes les personnes qui lui doivent : « chez Buscaille qui était au pont... il m'en doit d'ailleurs « assez, il faut en demander à Charetié. » Pour sa femme, il annonce l'envoi de six pains de sucre, denrée qu'on ne trouvait pas à Clairac ; sa lettre se termine par quelques mots sur le procès Chatal et Pons, qu'il traite de « fripons ».

Un mois après, c'est à sa femme qu'il s'adresse (15 mars 1731), l'appelant toujours Mademoiselle et chère épouse, ce qui ne l'empêche pas de la tutoyer. Il l'informe soigneusement de toutes ses affaires commerciales, à l'inverse de tant de négociants du présent siècle; il est vrai que M<sup>lle</sup> Denis était comme l'associée ou le premier commis de son mari, tenant les comptes en son absence, dirigeant les affaires, comme avait fait Marie Aché, sa belle-mère. Elle charge son mari de commissions pour le ménage; M. Denis répond qu'il enverra l'huile sitôt qu'il aura reçu la bouteille vide; en attendant il envoie, un pot (mesure de Clairac) de vin d'absinthe donné par un ami. « Je te dirai que nous eûmes hier des lettres et comptes « de vin de Rotterdam qui se sont très mal vendus, n'en « ayant fait que douze livres et demie de gros du ton- « neau, heureusement que je n'en avais qu'une quaran- « taine au plus pour mon compte.... à l'égard de ceux de « M. Maurais et de Buscaille je crains qu'ils n'en tireront « pas force argent...... Tu feras parler à Espagnac par « *beaupra*, l'homme veut être payé du billet; ainsi qu'il « tâche de faire de l'argent, car je ne pourrais pas être « le maître de cette affaire. Le plancher est arrivé, il est « très beau, je crains qu'il sera cher. »

M. Denis ne s'étend pas sur les nouvelles de Rotterdam, pourtant il est probable qu'on lui parlait de son fils; il se réserve sans doute d'en causer à son retour ou bien il envoie les lettres. On voit qu'à Bordeaux il s'oc-

cupe non seulement pour lui, mais pour les autres. Cette
lettre, assez courte, a été livrée à sa petite-fille Élisabeth; elle s'est servie du papier laissé en blanc pour des
exercices d'écriture qu'elle a signé ainsi : « fait par moi
« Elisabeth denis à Clairac, à la rue neuve an mile six-
« cens »; à la suite, elle a écrit les noms de: « anne freron
« judi denis, jean denis, jane, margalous de ferron », ses
parentes et amies. Ce griffonnage, qui se trouve sur
d'autres lettres avec variantes, nous a fait penser que le
papier étant cher et difficile à se procurer, M^{me} Denis
gardait soigneusement toutes les pages pouvant servir
pour ses lettres ou ses comptes, et laissait à ses enfants
les lettres une fois lues qu'on trouvait inutiles de conserver.

Comme nous l'avons vu dans une lettre de Jean Denis,
il avait été question, à la suite d'un nouvel édit contre
les religionnaires, de faire quitter Clairac aux demoiselles
Denis. En 1731 on en reparle, Jean-Jacques écrit à son
père, toujours à Bordeaux; une des jeunes filles, probablement celle qui avait déjà été internée, prend aussi la plume
à ce sujet; nous n'avons pas sa lettre. Le père, répondant à ses deux enfants, est d'avis de rester tranquille;
chercher à quitter Clairac, c'est attirer l'attention, ce qui
serait fâcheux; ils ont des amis auprès des puissances,
dont il va se servir : « Au surplus, Dieu, en qui ils ont
« confiance, les soutiendra et les préservera; soyez calmes
« à Clairac jusqu'à mon retour qui sera prochain. » Cette

lettre, datée du 5 avril 1731, est pour Jean-Jacques;
M. Denis y parle en ces termes de son fils aîné : « Mon
« fils, j'ai reçu ta lettre du 1er de ce mois par laquelle tu
« as vu jusqu'à présent le procédé de ton frère Jean; j'ai
« reçu ses lettres par le couvert de M. Brinihol, qui ne
« répond rien sur ce que je lui avais marqué de faire, si
« ce n'est que ces messieurs sont des rusés sans foi ni
« loi, et à l'avenir de lui adresser les vins à M. Brignols,
« attendu qu'il lui a de grandes obligations, et il me re-
« mercie du vin que je lui envoie. Il ne croit pas que je
« sache qu'il dût à cet homme, c'est pourquoi il ne lui a
« donné que quatre tonneaux de vin et a vendu les autres
« six pour se payer. Mais je lui écrirai une lettre sur tout
« ce qu'il me fait, et après tout s'il continue, je l'abandon-
« nerai..... » Une partie de ce passage se rapporte à la
manière d'agir de M. Van der Kun, qui, d'après ces
lignes, rapprochées de diverses informations données
plus tard par M. Brinihol, aurait abusé de la confiance
du jeune Denis. Passant à la question du départ de ses
filles, M. Denis s'exprime ainsi : « A l'égard de la nou-
« velle que tu me marques de tes sœurs, que celle-ci
« confirme, tu as tort, cela n'est qu'un bruit de ville pour
« donner de la terreur aux faibles pour les faire appro-
« cher s'ils peuvent, car j'étais hier à l'Intendance, où je
« découvris par amis qu'il n'y avait nul ordre lâché pour
« cela et que si l'on en recevait, avant de le lâcher, on m'a
« promis de m'en informer. Ainsi il faut se tranquilliser

« là-dessus. M. Sigal le père doit partir aujourd'hui.....
« il doit passer au logis, sur quoi vous autres prendrez
« vos mesures. La paix[1] entre l'empereur et le roi d'An-
« gleterre et les États de Hollande fut signée le 16 mars
« dernier..... » M. Denis termine en demandant si sa famille a reçu la bouteille d'huile et a acheté les jambons
pour lui envoyer, et si Chaumel a acheté les bas de fil.
Bien des petits détails de ce genre se trouvent dans ses
lettres, elles passent par les bateliers remontant à Clairac.
M. Denis devait descendre à Bordeaux, à proximité des
quais où débarquaient les bateaux de Clairac, dans quelque hôtel du quartier des Salinières. Il se fait envoyer du
jambon, pour diminuer sa dépense pendant les trop longs
séjours; en dehors de ses procès, il avait quelque affaire
commerciale à régler devant la Bourse de Bordeaux.

[1] La reconnaissance de la Pragmatique sanction 1731.

# V

M Brinihol donne, en 1731, de bonnes nouvelles de Jean Denis et de son commerce; pour lui il est très embarrassé du tabac resté dans le magasin de M. Geneste; il conseille à M. Denis de s'en défaire n'importe à quel prix et de ne pas soulever un procès dont lui, M. Brinihol, ne veut pas s'occuper. Dans la lettre suivante que M. Denis adresse à sa femme, nous voyons que la procédure ne l'effraye point et qu'il traite rigoureusement ses adversaires : « A l'égard de ce que Duthil t'a dit de « mon affaire avec ces fripons, c'est lui qui me disait que « pour finir il me conseillait de perdre deux mille écus « et même jusqu'à mille livres, je lui ai dit que oui en « me moquant de lui. Tu me connais là-dessus; ainsi dors « en paix de ce côté-là; mon affaire est plus avancée « qu'on ne pense, et je n'ai pas besoin des jambes de « *beaupra,* les miennes suffisent. Cependant s'il veut tout « abandonner pour se donner à ses plaisirs et à ton « faible, je consens pour l'amitié que j'aie pour toi et pour

«lui qu'il vienne, mais je suis sûr qu'il sera le premier à
«s'en repentir..... Je compte pouvoir te marquer ce qu'il
«se sera passé le reste de cette semaine par prochaine...
«Mes amis ayant agi, sois tranquille..... Je souhaite que
«la présente te trouve en meilleure santé et tranquille
«que tu ne m'as marqué être et à tous ceux de la mai-
«son, à qui je souhaite santé du moins aussi bonne que
«la mienne est à présent grâces à Dieu, et vous salue à
«tous en général et en particulier à toi de qui je suis ton
«bon et fidèle mari. Denis. »

Ce *beaupra* dont parle M. Denis dans deux de ses lettres, doit être son fils Jean-Jacques, qu'il désigne par ce
surnom. Le jeune homme avait étudié le commerce à Bordeaux et était très disposé probablement à y retourner;
plus tard il voudra se rendre à Paris, conseillé par sa
mère et ses amis, non pour ses plaisirs, mais pour les
affaires de son père, et de même qu'en cette première occasion, M. Denis ne consent qu'après avoir trop tardé pour
le bien de ses affaires. Peu de jours après cette lettre,
M. Denis reprend la plume, s'adressant à son fils; il lui
recommande de garder tout l'argent qu'il doit retirer des
grains vendus à Allègre, afin de payer M. de Moléry, «il
«ne faut pas qu'il ait lieu de se plaindre»; ainsi les Denis
continuaient à emprunter à cette famille. M. Denis se
trouve assez dépourvu d'argent à Bordeaux, devant
payer une lettre de change à leur parent le président
Denis, mais il tâchera de s'en passer. Il a eu un courrier

de Hollande, ses vins se sont mal vendus ; pas un mot de son fils aîné. Les faillites sont nombreuses à Bordeaux, une grande méfiance règne dans tout le commerce.

Quelque temps après, M. Denis apprend que sa femme a été malade ; il s'empresse de lui écrire, mai 1731 : « Ma-« demoiselle et chère Épouse, la présente est pour te « marquer le chagrin que j'ai ressenti ; c'est par Fresquet, « maître de bateau de Clairac, qui m'a dit avoir été au « logis et que tu étais malade, mais que tu étais un peu « mieux, cependant tu ne m'as pas fait savoir ta maladie, « apparemment qu'elle n'a pas été violente ; je compte « que si cela était ou eut été, tu ne me l'aurais pas ca-« ché..... il faut faire tout ce que tu pourras pour te re-« mettre, il ne faut rien épargner pour cela, nous avons « plus de biens que de vie. Ainsi je te recommande de te « ménager et si tu souhaites que je monte là-haut, je quit-« terai toutes mes affaires....... »

Son inquiétude est grande pour songer à quitter Bordeaux en ce moment ; plus que jamais son procès réclamait sa présence, il attendait le jugement dans la semaine. M. Denis venait d'éprouver la déception cruelle d'avoir à ne plus compter sur une personne qu'il croyait honnête et sûre ; « c'est un grand fripon », dit-il, par suite il se tient sur ses gardes et assure sa femme qu'il ne se laissera pas surprendre.

Dans Clairac, le principal commerce des Denis consis·tait en livraison de blé par petites quantités, aux per-

Rue des Escaliers qui conduisait à la rivière.

sonnes qui en avaient besoin; ainsi M. Denis avertit sa
femme que deux bateliers de Clairac, les nommés Las-
combe, ayant livré à Bordeaux leurs blés du Quercy, vont
remonter avec un chargement de sel; ils demandent
qu'on avertisse leurs femmes de leur retour, et que M^{me} Denis leur donne « une pipe » de grain pour leur faire du
pain. En transmettant cette commission, M. Denis conseille à sa femme de livrer le grain, quoique ces femmes
n'aient pas d'argent à donner de suite, parce qu'elles
payeront toujours. Il recommande qu'on s'adresse d'abord
à la femme qui loge près de la fontaine; en allant au
moulin, elle avertira sa belle-sœur à Longueville; ainsi
il prévoit et ordonne tout.

Le 3 mai, M. Denis écrit de nouveau: « J'ai écrit à ton
« fils et au mien du depuis je suis sans aucune des vô-
« tres ». Il rappelle de payer M. Maurais, un parent de sa
femme; il avait eu pour les Denis de mauvais procédés,
toutefois M. Denis trouve plus charitable de ne pas les
lui rendre et de payer son vin au plus tôt.

« A l'égard des serviettes et nappes et toiles que je
« vous ai marqué d'acheter, si le tout n'est pas de la der-
« nière bonté et à grand marché, n'achetez rien. Le
« désordre dans le commerce augmente tous les jours,
« l'on n'entend parler que de banqueroutes partout; si
« ce temps continue, je crois qu'il y faudra renoncer tout
« à fait. Je crains fort que vous autres me ferez force
« mauvaises dettes. » M. Denis reprochait à sa femme et

à son fils d'avancer trop de grains pour la mouture à des gens hors d'état de payer; il trouvait que déjà il avait beaucoup d'argent ainsi hasardé; «vous autres pre- «nez garde», répète-t-il toujours à sa famille.

Il n'a pas encore fini « avec ses fripons »; ils cherchent à le lasser, mais M. Denis croit que c'est lui qui les las- sera. Revenant aux bas de fil que Fauché doit faire pour Chaumel et aux jambons, il écrit: « Je vous recommande « d'avoir soin de toutes choses jusqu'à ce que je puisse « remonter, il me tarde beaucoup quoique je n'en fasse « pas semblant à cause de mes fripons. Tâchez de retirer « l'argent d'Espagnac, l'homme a besoin de son argent.» Il recommande encore de faire rentrer tout l'argent qui lui est dû. Les procès, le séjour à Bordeaux, les envois au fils de Hollande nécessitent beaucoup de fonds; la famille à Clairac vivait souvent avec gêne pour faire face à tant de dépenses. Aussi M. Denis donne des instruc- tions à son fils pour les quittances de la rente et le re- nouvellement de divers billets; il signale surtout ceux dont il faut réclamer les intérêts, poursuivre même, pour rentrer dans le capital. Il voudrait bien revenir pour ex- pédier ces affaires lui-même, mais son procès est toujours renvoyé; il ne peut quitter Bordeaux. Cette longue lettre de recommandation se termine par une réflexion qui semble un retour sur sa vie: « Je vois que M^{me} Buscaille « est morte, c'est un chemin qu'il faut tous faire, elle lais- « sera des procès à ses fils. »

Le 24 juin, M. Denis écrit à sa femme un billet, l'aver-
tissant que Lèbe lui portera de l'argent; M^{lle} Denis doit
déchirer le billet et en faire un nouveau. Consulté pour
une vente de grains, M. Denis répond : « Ma chère
« Épouse, je m'en remets à votre sage conduite. » Aux
plaintes de sa famille sur la longueur de son absence,
M. Denis dit à sa femme en juillet : « Sois tranquille, aies
« soin de tout là-haut et ne vous embarrassez pas de ces
« affaires, ici j'en viendrais à bout moyennant Dieu. »
Par la même lettre, il donne des instructions pour la
vente d'une gabarre attachée au service du moulin, et
nomme à sa femme différentes personnes de Clairac qui
lui doivent de l'argent; elle n'a qu'à le réclamer et surtout
à ne pas accepter de mauvais blé en payement : « Donnez-
« moi avis de l'apparence de la récolte, prunes, gros millet,
« menus grains, le prix du blé et dans ma prochaine je
« vous dirai mon avis. » Sans attendre cette information,
M. Denis reprend la plume dès le lendemain ; il n'a pu
voir l'intendant pour son procès et est obligé d'attendre
de nouveau ; cependant il avertit sa femme de tenir
« tout prêt pour convaincre ses fripons ». Il n'a pas de
nouvelles de sa famille à son grand déplaisir ; il leur envoie deux fagots de ......, nous n'avons pu déchiffrer
le nom, mais c'est quelque chose de précieux qu'il faut
étendre avec soin sitôt reçu; plus « une petite chatte fort
« éveillée et assez jolie que j'aie bien recommandée au ba-
« telier. Je te recommande, ma chère Épouse, d'avoir soin

« de mes affaires en général pendant mon absence, t'as-
« surant que si Dieu me fait la grâce d'aller à Clairac, je
« te sortirais de cette peine comme je fais par le passé,
« ainsi sois tranquille pour mes affaires d'ici, ne vous
« embarrassez de rien. »

M^{lle} Denis, d'après ces lignes, témoignait beaucoup
d'inquiétudes au sujet de l'issue des affaires de Bordeaux; elle n'avait pas une confiance absolue dans les assurances de son mari « que tout irait bien ». Le tracas
des transactions de Clairac la fatiguait malgré l'aide de
son fils; celui-ci est chargé par son père d'aller retirer
une copie de quittance à Tonneins chez M. Lasalle, ancien notaire; « le fils est avocat et délivrera la copie ».
Cette quittance est pour régler un achat de tabacs avec
les MM. Larrard; elle doit être portée au bureau de la
Compagnie des Indes à Tonneins.

M. Denis poursuit avec une excitation très vive son
procès de Bordeaux, voulant absolument la condamnation de ses adversaires. Il répète toujours : « Ne vous
« inquiétez pas de mes affaires, tout ira bien moyennant
« Dieu, je ne vous en dis pas davantage, si ce n'est
« que je ne me trompe pas dans mes calculs, et dormez
« en repos. »

Il reproche à son fils et à sa femme d'avoir prié M. de
Moléry d'attendre son retour pour un remboursement :
« Faites de l'argent, faites rentrer tout ce qui nous est
« dû là-haut, vous autres ne livrez rien que contre ar-

« gent..... ta mère a perdu l'usage d'écrire des lettres, il « faut le reprendre, la nécessité le requiert. » Dans une prochaine lettre, il enjoint de donner à M. de Moléry quatre mille écus sur la somme qu'ils lui doivent.

Coiffure des dames Denis.

M^me Denis et son fils trouvaient évidemment la charge lourde, la conduite des affaires à Clairac, pour subvenir à tant de choses nécessaires dans l'état de gêne où les mettait ce procès interminable, était difficile ; cette difficulté s'augmentait des bruits peu bienveillants qui couraient en ville, sur le séjour prolongé de M. Denis à Bordeaux. Son absence, l'ignorance de bien des petits dé-

tails que les lettres ne donnent pas, la sollicitude de
M^me Denis pour la santé et le procès de son mari, tout
la portait à se tourmenter ; nous avons déjà vu qu'elle
n'avait pas une confiance très grande dans la bonne
issue du procès. Avec ces pensées, les soirées d'hiver
avaient dû lui paraître longues, alors qu'assise sous le
manteau de la vaste cheminée, entourée de ses filles,
petite-fille, des servantes, dont la mère nourrice de son
cher Jean, elle filait en songeant aux absents du foyer ;
les enfants et les servantes avaient aussi la quenouille
au côté, et tordaient la laine ou le chanvre à la lueur de
la chandelle de résine fichée dans la cheminée. Jean-
Jacques, en face de sa mère, mouchait la fumeuse lumière,
tout en causant de la difficulté des rentrées, du long
séjour de son père « en bas », à Bordeaux ; ou bien, pen-
ché sur la table sous le carel de cuivre, il mettait en ordre
les comptes et écrivait à son père. Parlait-on du pauvre
Jean? ce n'est pas probable, du moins en présence de
Jean-Jacques ; ce n'est que seule avec ses filles ou la
mère nourrice, que M^me Denis pouvait dire ses inquiétudes pour son cher aîné, déplorer son éloignement, sa
conduite, l'incertitude où elle était à son sujet ; sa tendresse se reporte sur la petite Élisabeth. Mais ce n'est
qu'à de bien rares moments que M^me Denis épanche ainsi
ses chagrins, trop occupée par le travail que lui donnent
les affaires. L'été se passe sans ramener le chef de famille ;
craignant que M. Denis n'agisse pas comme il faudrait

pour amener à bien ce qu'il a entrepris, privée de le voir depuis si longtemps, tous ces soucis renfermés en son cœur finissent par rendre M^me Denis malade.

Au mois de septembre 1731, M. Denis apprend cette nouvelle par une femme de Clairac, Roussanette, venue à Bordeaux. Elle lui dit avoir laissé M^lle Denis maigre, avec des douleurs d'estomac. Vivement affligé, M. Denis s'empresse d'écrire à sa femme, lui recommandant de se soigner; il s'accuse d'avoir contribué à cet état de maladie par la peine que les affaires lui ont donnée en son absence; aussi désire-t-il beaucoup revenir pour la soulager; « sa présence la rendra plus contente ». Roussanette a dit aussi que Marianne (une sœur de M. Denis peut-être) a été malade, mais qu'elle est rétablie. M. Denis insiste d'autant plus pour que sa famille n'épargne pas sur les soins et la nourriture. Au milieu de ces inquiétudes il n'oublie pas de recommander qu'on veille au moulin, il doit travailler de jour et de nuit. Il termine cette lettre pleine de sollicitude en embrassant sa famille, effusion rare chez lui; ses lettres finissent presque toutes par la formule usitée en ce temps : « je vous salue ».

C'était bien l'absence de son mari, le tourment que lui causait ce séjour à Bordeaux et l'incertitude sur son fils aîné, qui avaient rendu malade M^lle Denis. Dans cette année 1731, à peine des nouvelles de Hollande, assez satisfaisantes pourtant quant au commerce; presque jamais M. Denis le père n'en parle pendant son séjour à Bordeaux. Il rentra à Clairac, croyons-nous, après avoir su sa femme malade.

Nous ne le retrouvons à Bordeaux qu'en avril 1732, où Jean-Jacques lui adresse une lettre de Jean et de M. Brinihol, en l'accompagnant de quelques réflexions : « Monsieur et très cher père, j'ai reçu votre chère lettre « du 21 courant, par laquelle je vois que vous n'aviez pas « encore reçu la lettre que je vous ai écrit par de balz.

« Je vous envoie ci-joint une lettre de M. Brinihol et « une de mon frère, ils crient fort misère l'un et l'autre, « je crains fort que sa mauvaise conduite fera qu'il sera « toujours misérable; *il faut bien se donner garde de par-* « *ler de ces lettres à qui que ce soit par rapport au tort* « *que cela nous ferait, il ne faut jamais parler de choses* « *qui nous font déshonneur.* »

Voilà l'explication du silence gardé par la famille Denis sur ce membre exilé.

Le style de Jean-Jacques est droit et ferme. Il ne se perd pas en protestations comme son frère ; son esprit ne s'arrête qu'à ce qui lui paraît utile ; il se défie des réclamations attendries, des promesses venant de Hollande ; il continue ainsi après son avis donné : « Nous « voyons avec plaisir par votre chère lettre que vous « espérez être bientôt ici, cela nous fait bien du plaisir. « Nous avons appris par le cousin Caubet que vos parties « vous faisaient demander accommodement; ma mère « vous prie d'en agir à toute rigueur avec ces gens-là et

« de ne pas leur faire grâce d'une épingle si vous pouvez
« l'éviter, attendu leurs mauvais procédés. Vous recevrez
« par le donneur trois jambons qui coûtent 5 livres 10 sols
« tous trois. A l'égard d'Espagnac, il n'a pas encore tou-
« ché les 1500 livres que M. Sageran lui doit donner ;
« pour tout bien nous n'avons que 400 livres, y compris
« les vingt-six écus que la « del maurou » nous donna. A
« l'égard de la pêche, il ne s'est encore pris que quel-
« ques collas [1], qu'il ne vaut pas la peine d'en parler. J'ap-
« préhende qu'elle ne sera pas fort bonne cette année.
« Tous ceux du logis vous saluent et moi qui suis avec
« respect, Monsieur et très cher père, votre très humble
« et obéissant et soumis fils Denis. »

La lettre du jeune Denis, dont il est question au début
de celle de son frère, annonce en effet peu de prospérité. Il réclame pour sa famille, ayant depuis cinq mois
une fille de plus ; il s'informe de tous à Clairac : frère,
sœurs, fille, les assurant de toute son affection. Loin
d'accuser sa conduite, M. Brinihol dit que Jean a bien
agi, mais qu'il a été trompé par les personnes à qui il
achète du vin ; elles ont abusé de sa bonne volonté et écrit
de mauvais rapports à la famille de Clairac. M. Brinihol
engage M. et Mlle Denis à faire encore quelque avance à
cause des pauvres enfants. Il avertit en même temps qu'il

---

[1] Aloses ; elles remontaient alors jusqu'à Clairac, et les saumons
n'étaient pas rares à Aiguillon, au confluent du Lot et de la Garonne.

a toujours les six rouleaux de tabac gâté et demande ce
qu'il doit en faire. M. Denis répondit évidemment à ces
lettres, mais nous n'en avons aucune trace.

Le 26 juin 1732, Jean-Jacques réécrit à son père, toujours à Bordeaux, il parle d'une maladie de sa mère,
guérie au moment où il écrit: « Vous ne devez pas vous
« inquiéter ayant appris à la fois sa maladie et sa conva-
« lescence, qui serait entièrement rétablie par votre pré-
« sence. » Jean-Jacques transmet à son père diverses
commissions données par des personnes de Clairac,
entre autres M. Serres, père du célèbre professeur; il
priait M. Denis de lui acheter une lettre de change sur
Paris.

## VI

Une lettre de M. Brinihol au mois d'août (1732) nous apprend que M. Denis avait envoyé des secours à son fils, à Bommel, au mois de mai précédent. Il avait aussi expédié du vin et des prunes à M. Van der Kun; mais il ne fut pas satisfait de sa vente et voulait poursuivre son acheteur en justice. M. Brinihol répond à ce sujet: «Sur «toutes choses je vous prie de ne m'envoyer aucune «commission contre lui comme vous m'en faites mention «en la dernière votre, car je vous assure, comme vous «savez en être persuadé, que je suis un homme de paix «et d'union, et non de chicanes et de procès..... »

Jean Denis, en novembre, écrit qu'ils ont tous été malades et sont à peine remis. Les affaires marchent assez bien, mais il aurait encore besoin de l'aide de sa famille; il s'en montrera digne. Il demande à son père des instructions pour agir contre M. Van der Kun: «qui m'a joué «un vilain tour». Après avoir signé, Jean ajoute qu'ayant lu la lettre à sa femme, elle le prie de demander des

détails sur ses frère et sœurs et sur leur fille ; la jeune
M^me Denis veut savoir si Élisabeth est sage, obéissante ;
elle la recommande aux bonnes grâces de tous à Clairac.
Ce n'est qu'au bout d'un an, en novembre 1733, qu'une
autre lettre de Jean fait comprendre ce que les parents
avaient répondu au sujet de la fillette confiée à leurs
soins. M^lle Denis demande si l'on est plus content d'Élisabeth ; d'après ce que nous comprenons, les grands-
parents s'étaient plaints surtout d'un changement dans
son caractère ; la mère disant que si on lui écrivait les
raisons de ce changement, elle pourrait lui écrire pour
l'amener à d'autres idées. C'est le seul indice de solici-
tude paternelle que ces jeunes parents témoignent pour
leur fille aînée ; la distance, l'influence, forcément subie
par elle, des grands-parents, les a rendus plus indiffé-
rents sans doute à son égard.

Dans le courant de l'année 1732, M. Denis est encore
à Bordeaux ; il avait fait appel d'un premier jugement
rendu par l'Intendance et poursuivait devant le Conseil ;
cet appel le retient jusqu'en février 1733. Il envoie ses
instructions pour faire payer M. de Moléry, et pour la
gérance des moulins. Sa famille profite de son séjour
dans la « grand ville », pour se procurer divers objets
de toilette ou de ménage : « Si la Denise veut une
« robe de chambre d'indienne, j'en peux prendre à 3 liv.
« 10 sols l'aune, qui est bien bonne, mais elle est presque
« toute remplie, il y a fort peu de blanc. »

La lettre de novembre 1733 de Jean Denis, nous paraît être une réponse à sa mère; en l'absence de son mari, elle avait écrit à son fils aîné pour l'instruire des nombreuses charges supportées par la famille à Clairac. En réponse à ses demandes réitérées d'argent, elle lui disait qu'on lui avait donné plus que sa portion; aussi, malgré son affection et sa pitié pour l'exilé, elle comprenait que le chef de famille ne pouvait faire davantage; elle essayait d'en persuader Jean. Celui-ci gémit de tous ces obstacles, tout en protestant que ses demandes ne portent que sur l'affection de ses parents. A cette époque il a cinq enfants, en attend un sixième, avec peu de moyens d'existence. Il fait des vœux pour la réussite du procès et fait écrire au bas de sa lettre des souhaits de bonne année par son fils aîné; le petit bonhomme signe: «Votre petit-fils Jean Denis». Le père a quelque espoir que cette petite main d'enfant remuera le cœur de ses parents plus efficacement que toutes ses protestations.

Le 2 décembre suivant, il annonce l'heureuse arrivée d'un sixième enfant, un autre fils. L'oncle de Magrilta Pallée s'est décidé à leur venir en aide; il leur donne douze cuillères et autant de fourchettes en argent, trois salières, deux écuelles, un bassin, deux chandeliers, une boîte à poivre, un Nouveau Testament avec deux agrafes d'or et un autre avec des agrafes d'argent, un grand coffre plein de linge fin et beau. Jean est très content de son oncle; il souhaite une bonne année et mille bénédictions

9

divines à ses parents. Ceux-ci se réjouirent sans nul doute
de ces bonnes nouvelles ; pour un temps du moins leurs
enfants seraient à l'abri du besoin.

C'est presque toujours par les lettres de Jean que nous
apprenons les événements de la famille ; c'est lui le premier qui parle du voyage de son frère à Paris. Jean-
Jacques lui en avait écrit, d'après ces lignes du 5 juin
1734 : « Par la dernière et *première* lettre de mon frère
« j'ai vu que ce procès durait encore et qu'il était sur
« son départ pour aller à Paris, afin d'en solliciter le
« jugement..... » Jean ajoute des vœux pour la bonne
terminaison du procès, et espère que son frère viendra
les voir à Bommel ; lui aimerait bien à revoir Clairac.

L'oncle de sa femme, âgé de quatre-vingt-six ans, vient
demeurer avec eux, et fait son testament en leur faveur ;
Jean communique cette nouvelle à ses parents avec une
naïveté d'expressions qui passerait presque pour un
manque de sentiment : « Son bien vaut pour le moins
« dix mille florins..... il n'y a pas apparence qu'il vive
« longtemps, j'espère que cela vous fera plaisir ; au reste,
« nous nous portons bien..... » Cette nouvelle ne pouvait que plaire aux Denis de Clairac ; en les rassurant
sur la position pécuniaire de leurs enfants, elle leur per-
mettait de suspendre leurs envois de subsides.

Jean Denis employait à Bommel un compatriote, le fils
d'une veuve Lavigne ; il prie ses parents de dire à cette
femme les nouvelles et compliments de son fils. Ce La-

vigne réclame toutes ses chemises et « tout » ce qu'on voudra bien lui envoyer par l'entremise de Jean Denis, qui donne à cet effet une adresse à Rotterdam.

Depuis 1733, les amis de M. Denis de Clairac lui conseillaient d'envoyer son second fils à Paris pour son procès il reculait toujours, voulant terminer à Bordeaux par lui-même. Les MM. David Denis surtout le pressaient de ne pas s'obstiner dans cette idée ; pour donner plus de poids à leurs avis, ils adressent leur parent et correspondant à M. Drême, « homme de bon conseil ». Vous finirez, lui disaient MM. D. Denis, par attendre trop tard ; c'est ce qui arriva. M. Denis commence par prendre un procureur à Paris, M. Baizé, qui, avec l'aide d'un secrétaire au conseil privé, M. Tourniaide, fait porter le procès devant le conseil privé. Ce n'est qu'en 1736 ou 37 que M. Denis se décide au départ de Jean-Jacques. Avant de voir ce qui advient de ce voyage, nous terminerons la correspondance de Hollande et celle de M. Denis père avec sa femme.

En mai 1735, M. Denis est retenu à Bordeaux par un grand débordement de la Garonne. Il écrit à sa femme « que sans doute la récolte sera perdue à cause de l'eau « de neige qui, dit-on, brûle comme du feu ». Il demande si le Lot n'a pas aussi débordé. Pour lui, il a terminé ses affaires à Bordeaux avec M. Fernan et le président Denis ; ce dernier l'aurait payé de suite « sans le mariage « de sa fille avec M. Carest ; c'est un grand mariage ».

Le paquet des pièces du procès est parti pour Paris, et M. Denis n'attend que la baisse des eaux pour remonter à Clairac, rapportant du thé et une grosse de papier.

Une lacune de deux années existe pour nous dans la correspondance de Hollande. En 1737, Jean écrit à son frère à Paris; il regrette que Jean-Jacques n'ait pu venir jusqu'à Bommel; pour lui, il espère aller voir ses parents l'été suivant; il souhaite à son frère de finir heureusement son procès et de venir les voir au printemps. Il le charge de ses compliments pour la famille de Clairac et pour sa fille.

En 1739, M. Jacques Fuguet, négociant à Rotterdam, mis en rapport avec Denis père par Jean, écrit à M. Denis que son fils, malgré son commerce, est dans une situation assez médiocre, la famille est fort nombreuse. Magrilta Denis se montre très économe et l'aîné des fils travaille avec son père; cet enfant devait avoir de 13 à 15 ans. M. Fuguet les aide autant que possible dans leur commerce. Après ces nouvelles, deux années sans lettres; le 16 octobre 1741, Jean fait de nouveau appel à la bourse de ses parents. Son commerce ne marche guère, la crainte d'une guerre générale paralysait alors toutes les affaires; Jean espère bien que la Hollande restera en paix, et que l'Angleterre s'arrangera avec l'Espagne. Son père lui envoie du vin pour le revendre, Jean remercie au mois de décembre, bien heureux d'avoir des nouvelles de sa famille; il fait mille vœux pour le bonheur terrestre et céleste de ses chers parents.

L'année suivante (1742) il perd son plus fidèle ami, son meilleur appui sur la terre étrangère, M. Brinihol. C'est le frère de M^{me} Brinihol, le pasteur de Loches, de la famille du capitaine de ce nom mentionné plus haut, qui écrit à M. Denis la mort de son beau-frère (avril 1742). Il prie M. Denis de vouloir bien rembourser à M^{me} Brinihol la somme de 250 florins avancée à Jean Denis en diverses occasions par M. Brinihol; la veuve a besoin « à présent de tout pour vivre ». M. de Loches espère bien que M. Denis voudra aider son fils dans cette circonstance, « comme la religion et la nature semblent « devoir l'y inviter ». Il profite de cette lettre pour prier M. Denis de lui rendre un service : « ..... Si vous savez « que nous avons fait insinuer à M^{me} Salomon de la « Reulle qu'elle doit nous rendre compte de notre bien, « qui est un fidéi-commis qu'elle s'approprie injustement. « Je vous serais bien obligé si vous vouliez, quand vous « m'honorez de votre réponse, de me communiquer ce « qu'on en dit..... »

Les de Loches ayant quitté l'Agenais, leurs parents jouissaient de leurs biens, sans songer à leur en envoyer la moindre parcelle ; les difficultés d'envoi, la paresse, le besoin aussi, amenaient presque toutes les personnes dans cette situation à agir de même. Prenant le bien de leurs parents éloignés pour cause de religion, pour le

soustraire au fisc et le leur conserver, ils finissaient par
en jouir au détriment des exilés. Les relations de M. Denis
avec la famille Salomon, comme gérant des propriétés des
demoiselles de Salomon, étaient sans doute connues de
M. de Loches, et lui faisaient espérer qu'il pourrait agir en
sa faveur. Les Brinihol avaient aussi comme parents à
Rotterdam une famille Dumont, Français réfugiés, dont
l'un des membres promettait, en 1741, d'être un grand
artiste. M. Dumont eut des relations commerciales avec
le premier mari de Mᵐᵉ Jean-Jacques Denis, M. Brossard
de la Poupardière; il l'avait connu pendant un séjour de
ce dernier en Hollande. A la mort de M. de la Poupardière, il écrivit avec un vif sentiment de regret à la veuve.
La lettre du pasteur de Loches est une des dernières
que nous ayons de la Hollande; à partir de cette date,
les nouvelles de Jean sont confuses et peu suivies.

En 1745, Jean Denis et une de ses filles font le voyage
de France. Ils arrivent par Bordeaux, et la lettre suivante de leur cousin Caubet ne paraît pas témoigner
qu'ils aient été bien aimables, ni chaudement reçus. « Leur
« situation n'est pas fort gracieuse, car ils n'ont pas un
« sol; ils doivent leur passage, qui est de 40 écus, sans
« compter la dépense d'ailleurs qu'ils ont faite et font
« actuellement et il les y semble que je sois leur tréso-
« rier.... Votre nièce commence à dire qu'elle est dans le
« sentiment de s'en retourner après un certain séjour. »
M. Denis le père était mort; c'est à Jean-Jacques, alors

marié et établi à Clairac, que M. Caubet adresse ces
lignes, demandant ce qu'il faut faire du père et de la fille.

Nous supposons que c'est à ce moment que Jean Denis
vint à Clairac, réclamer une part du bien de son père.
D'après un règlement dont nous parlerons plus loin, il
avait été reconnu, après la mort de M. Denis, que Jean
avait reçu quatre mille livres; il n'était pas mentionné
sur le testament, son père ayant sans doute estimé lui
avoir donné plus que sa part légitime en vins et argent.
Mécontent de ces arrangements, Jean Denis intente un
procès à son frère et à ses sœurs, demandant le partage
des biens paternels. Ce procès se plaide à l'ordinaire de
Clairac, puis à Agen; il a dû commencer à la fin de
1745. M^{me} Denis la mère vivait, mais elle ne paraît pas
au procès. Jean prit pour procureur Chaumel, qui postu-
lait pour la succession de l'étude Freron; Jean-Jacques
et ses sœurs prirent Gadiot. Ils avaient pris aussi les
conseils et les conclusions de M. de Lisleferme[1], un ami
de la famille Denis, conclusions admirées à Agen par le
procureur Carrié.

Devant le juge civil et criminel de Clairac, M. Nogaret
de Praissac, février 1746, l'arrêt condamne les deux parties à s'en rapporter à des arbitres, nommés d'office, si

---

[1] Jean-Jacques et sa mère eurent recours à lui en 1748, pour une
affaire d'incendie à leur métairie de Chante; par imprudence, leur
métayer avait mis le feu chez le voisin.

En 1757, M. de Lisleferme correspond encore avec les Denis.

dans trois jours les parties ne les ont pas désignés; à rapporter les sommes reçues de feu M. Denis; de plus Jean-Jacques et ses sœurs sont condamnés à payer une provision de six cents livres à leur frère aîné. Par les lettres de M. Carrié à Gadiot, nous voyons que Jean-Jacques cherche à éviter de payer la provision. Il y a peu de détails sur cette affaire; cependant nous croyons que Jean-Jacques obtint un jugement plus favorable à Agen. Soit avant la terminaison du procès ou après, Jean repart pour la Hollande sans emmener sa fille Élisabeth.

Pendant son séjour à Clairac, il avait cherché à intimider sa mère par toutes sortes de violences, se servant de la jeune Élisabeth pour se rendre maître dans la maison; Jean-Jacques habitait avec sa femme un autre logis que celui de sa mère.

Élisabeth, d'après le peu que nous démêlons de cette triste histoire, avait été en Hollande avant l'arrivée de son père à Clairac; peut-être est-ce en la ramenant qu'il était venu mettre toute sa famille dans l'embarras. Nous avons les fragments d'une supplique de la jeune Elisabeth et de sa grand'mère, où elles se plaignent des violences de Jean Denis, et déclarent qu'Élisabeth avait été fort mal reçue de sa mère en Hollande; Magrilta avait été, d'après cette supplique, jusqu'à ne pas la reconnaître pour sa fille. C'est sans doute le souvenir des mauvais procédés de Jean qui dicta à Marthe Freron, veuve Denis, son second testament en 1753; par ce testament elle laisse à sa petite-fille Élisabeth trois mille livres; elle déclare son fils aîné mort depuis peu, et ne lui reconnaît d'autre enfant que celle qui a été élevée par elle. En 1744, avant le voyage de Jean, un testament de Marthe Freron ne laissait à Jean et à Élisabeth que cinq sols; la fille gagna aux procédés du père. Sa grand'mère étant morte infirme en 1754, Élisabeth reste avec ses tantes, les deux Jeanne-Judith, dans une des trois maisons laissées par leur père. La dernière survivante des demoiselles Denis meurt en 1797, le 12 juillet; l'acte porte: Douze messidor an V de la république, Élisabeth hérite d'une partie de son bien.

D'après une lettre sans date, ni signature, mais qui ne peut être que de Jean-Jacques, d'après l'écriture et le sujet, Jean Denis serait revenu à Bordeaux en 1753. La lettre est adressée «à mon neveu», le fils aîné de Jean probablement. Jean-Jacques informe ce neveu que son père est mort misérablement à l'auberge, à Bordeaux, laissant des dettes. Il engage son neveu à les payer, sachant par son père qu'ils le peuvent faire; il insinue même, que Magrilta Denis doit d'autant plus acquitter ces dernières dépenses, qu'elle n'est pas étrangère à la conduite de son mari; on voit par là que Jean-Jacques conservait son ancienne prévention contre la famille de son frère. Il ajoute qu'il ne fera rien pour la succession de son frère, et déplore pour sa nièce Élisabeth la triste fin de son père. Il exhorte le jeune homme, qui venait de

se marier, à donner un meilleur exemple à ses frères et
sœurs.

Voilà la fin du roman de Jean Denis, parti à dix-neuf
ans, peut-être pour chercher la fortune, il se fixe par un
mariage d'amour sur cette froide terre de Hollande, il
n'y trouve que des mécomptes, des soucis ; à la fin la
nostalgie du clocher de Clairac le reprend, il y vient, n'y
sème que le trouble, l'ennui, en est repoussé ; inconnu à
sa famille, à sa fille aînée, il s'éloigne et meurt à Bordeaux isolé. Quelle fin en effet pour cette fille restée au
foyer de la patrie et des parents !

# VII

Revenons à Jean-Jacques, installé à Paris en 1737
pour y solliciter auprès de divers personnages, la cause
de son père. Il est logé avec un compatriote, M. Degalz,
des environs de Tonneins, chez M^{me} Mulot, femme d'un
capitaine d'artillerie, à l'hôtel de Monseigneur, rue du
Roulle. M. Degalz avait une place de trésorier de France;
ses parents avaient eu avec les Denis des rapports d'affaires : ventes ou achats de tabac à Tonneins. Son éloignement de l'Agenais, la vue d'un compatriote resserra
probablement les liens déjà existants et engagea les deux
jeunes gens à vivre ensemble. M. Degalz revient à Tonneins en congé, pendant le long séjour de Jean-Jacques à
Paris, il correspond avec lui, s'informe des amis qu'il a
laissés et paraît bien préférer le séjour de Paris à celui
de son pays. Au bout d'un mois passé dans sa famille, il
lui tarde de partir, de rejoindre les amis et amies que
Jean-Jacques continue à voir et qui lui envoient des com-

pliments. Prêt à rentrer, il prend les commissions des parents Denis et rapporte des chemises à Jean-Jacques.

Jusqu'en 1739, il y a peu de lettres échangées entre Paris et Clairac; au mois de juin de cette année, le fils Denis informe son père qu'il est obligé de modifier la marche du procès; en même temps il poursuit l'affaire Chaumel. A l'égard de celle-ci, nous sommes obligés d'ouvrir une parenthèse pour la compréhension des passages de lettre qui vont suivre.

L'étude Freron, vacante à la mort du beau-père de Jean Denis en 1722, aurait dû, selon la loi, rester en la possession des filles de Freron, ses héritières. D'après la loi de ce temps, les femmes ou filles des notaires, si elles acquittaient les droits de l'office au bureau préposé à cet usage, pouvaient faire gérer l'étude par une personne choisie par elles. Les Beau avaient eu l'intention de garder l'office de Freron, et nous avons vu que la veuve Freron la détient longtemps; malheureusement les divisions qui s'élevèrent à cet égard dans la famille favorisèrent les prétentions des postulants. Le plus ardent, M. Chaumel, invoque, pour se faire adjuger l'étude, contre les héritières légales leur qualité de « huguenotes », qui les rendait impropres à hériter; il s'appuie surtout sur la mort du père Freron, inhumé hors de l'église catholique. Les Denis et les Beau essayèrent de retenir leur droit; c'est en 1727 que le conflit s'engagea; Chaumel le maintenait sur le terrain religieux, qui lui donnait plus

de force. Il semble avoir eu pour lui le duc d'Aiguillon;
il intrigue aussi auprès de l'évêque d'Agen. Les Denis
ont des appuis assez haut placés et paraissent seuls dans
le débat, à partir du moment où Jean-Jacques est à Paris.
M. Beau était déjà mort sans doute, sa femme est veuve
en 1743, comme il résulte d'une lettre de M. Goudal, de
Bordeaux, informant M^{me} Beau de l'emploi d'une somme
d'argent qu'il avait à elle. Denis représente alors seul sa
femme et sa belle-sœur très probablement. Cette affaire,
que, faute de documents, nous ne pouvons suivre en entier, se termina en 1744. Chaumel prit possession de
l'étude, mais en signant à Jean-Jacques Denis une déclaration, où il reconnaît le droit de Denis de disposer de
l'office Freron en vertu d'un arrêt du conseil; cette déclaration est passée publiquement à Clairac. Denis avait
gagné son procès ou tout au moins conservé une partie
des droits de sa mère, en dépit de l'évêque et du duc
d'Aiguillon.

Le procès Pons et cette affaire Chaumel donnent beaucoup d'inquiétude et de peine à Jean-Jacques; les lignes
suivantes de M. Degalz, en congé à Tonneins en octobre
1739, nous le font comprendre: « J'ai appris avec bien
« du plaisir, mon cher Monsieur, que vous êtes dans un
« état plus tranquille que je ne vous ai laissé; je souhaite
« que vous puissiez exécuter le projet que vous formez
« pour le pays étranger.....» C'est du voyage en Hollande, non effectué, dont parle M. Degalz; il charge aussi

Jean-Jacques de compliments pour ses connaissances de Paris. Un parent de M. Degalz, qu'il appelle « le grand cousin », soit par allusion à sa taille ou à sa position administrative, lui a fait parvenir des compliments de M^{me} et M^{lle} d'Avignon; très flatté du souvenir de ces dames, M. Degalz prie son ami Denis de les en remercier. Ce *grand cousin* avait une charge de l'État; il venait d'en recevoir une autre au moment où M. Degalz écrit, de sorte qu'il s'inquiète de l'augmentation de travail qui va incomber au cousin, et charge Jean-Jacques d'aller le voir: « Donnez-lui quatre baisers à la gasconnaise, mar-« quez-moi l'état de ma chère cousinette, que j'aimerai « et respecterai toute ma vie; dites à Thérèse que j'ai « oublié le tour qu'elle m'a joué avant mon départ et que « je lui conserverai la fidélité jusques à l'hymen; mille com-« pliments à MM. d'Avignon, MM. Disbels et Guilhe-« menson..... N'oubliez pas notre ami, M. Logeay, que « j'estime et considère très particulièrement..... »

M. Degalz prie Denis de parler à M. Bertheau, receveur des ventes, pour hâter l'examen des contrats de liquidation que lui a envoyé M. Lescudé, notaire de Tonneins, pour des régularisations d'impôts. Si M. Denis n'obtient pas une prompte réponse de M. Bertheau, qu'il prie le « grand cousin » de parler au receveur.

Par cette lettre, nous voyons que le jeune Denis s'était posé à Paris en passe d'avoir des connaissances utiles pour les affaires de son père. Par M. Degalz, il a un pied

dans le monde du conseil privé et des hommes en place,
comme le « grand cousin » ; par les relations de commerce de son père, il est reçu chez les négociants protestants : les Emminck, les Lefébure ; sa religion lui pro-
cure l'entrée de la famille hollandaise Van Laan ; il y
rencontra sa future femme. M. Van Laan est chapelain
de l'ambassadeur du roi de Hollande à Paris. Ces quatre
ou cinq années passées dans cette société affinent le
jeune Clairacois, et le rendent supérieur par plusieurs
côtés aux hommes de sa famille et de sa ville. Aussi avec
la sagesse de son père dans les affaires, Jean-Jacques
mêlera un esprit plus conciliant, plus fin ; le commerce
ne lui suffira pas uniquement ; ses idées seront plus ou-
vertes aux relations spirituelles et sociales ; ses mœurs et
son logis changeront de caractère ; à côté du négociant
percera le gentilhomme ; ce ne sera qu'un fugitif éclair,
car rien de ce dernier Denis ne survivra en entier.

En attendant, Jean-Jacques, plus que jamais plongé
dans l'inextricable réseau des affaires processives, écrit
à son père à la fin de 1739, à propos d'une lettre de leur
procureur, M. Ferrié, pour l'arrangement à l'amiable de
l'affaire Chaumel : « M<sup>me</sup> la duchesse d'Aiguillon doit
« écrire à M. le chevalier de Vivens (il était, croyons-
nous, dépositaire des fonds payés pour les droits de
l'office) par ce courrier à ce sujet, ainsi vous aurez la
« bonté de l'aller voir et vous pourrez faire valoir l'offre
« que ledit Chaumel vous fit par M. de Moléry, tâchez

« d'en tirer le meilleur parti possible, mais finissez cette
« affaire à quel prix que ce soit. Donnez - vous bien
« garde de parler à qui que ce soit de la lettre que
« M. Ferrié vous écrit, et faites entendre à M. le chevalier
« de Vivens que vous ne craignez pas l'événement de
« cette affaire, supposer qu'elle vînt à se juger, et que si
« vous la finissez, c'est uniquement pour ne pas désobli-
« ger M^{me} la duchesse, qui a fait demander cet accom-
« modement à votre avocat; mais je vous prie de la finir
« d'une façon ou d'autre, car si M. le duc d'Aiguillon in-
« tervenait, nous n'aurions pas beau jeu.... A l'égard de
« l'affaire contre le sieur Pons, le procès va être remis
« incessamment. »

Nous ne savons si M. Denis écouta les avis de son fils;
une lettre de M. Ferrié, du mois de septembre 1739, propose un arrangement par arbitres, proposition que
M. Denis repousse. Cette lettre est-elle bien la même
dont parle Jean-Jacques? L'absence des dates, du mois,
empêche de préciser; un brouillon écrit par M^{me} Denis
ou Mademoiselle, sous la dictée de M. Denis, dit qu'il veut
bien d'un accommodement, mais il ne veut pas envoyer la
procuration nécessaire; il a été trompé une fois pour
avoir donné une procuration et s'est fait le serment de
n'en plus jamais signer. En dehors de cette question, il
accepte les propositions qu'on lui offre.

# VIII

En 1740, M. Denis se rend à Bordeaux pour solliciter auprès de M. de Ségur, quelque affaire de commerce. Cette fois il laisse sa femme seule avec ses filles, à la tête de la maison de Clairac et demande assez souvent « des nouvelles de vous autres ». Par esprit d'économie sans doute, il descend à Bordeaux chez son neveu Caubet; la mère de ce négociant, sœur de M. Denis, habitait Clairac, et il lui envoie des compliments par M^{me} Denis. Cette lettre est de la fin de juin; Judith Denis répond le 3 juillet à la place de sa mère. Elle aurait écrit plus tôt sans l'espérance qu'elles avaient, sa mère et elle, de voir revenir sous peu le chef de famille; puisqu'il ne peut encore quitter Bordeaux, elles demandent ce qu'elles doivent faire du foin « des perroutins, voici la saison de couper les prés ». Leur métayer de Marsac a assez de son foin; M^{lle} Denis pense faire porter celui « des perroutins » au grenier du pigeonnier, dans la maison de Clairac probablement; mais si M. Denis a une autre idée,

qu'il leur en écrive. Judith prie son père de leur rapporter deux pains de sucre et « un morceau du brûlé », sa
mère l'aimant beaucoup ; elle recommande à son père
de porter le sucre avec lui, le batelier ayant gardé la
moitié du dernier envoi. La lettre finie, Judith ajoute en
post-scriptum la proposition d'achat de foin faite par
M. Belloc, raffineur, pour le compte de son beau-frère
de Nantes. L'adresse est à : « Monsieur, Monsieur Denis,
« chez Monsieur Caubet, cartier royal, fossés des Sali-
« nières. »

Après cette lettre, nous n'en trouvons plus jusqu'au
5 août 1741. Ce jour-là, Jean-Jacques écrit à son père ; il
y avait cinq ans qu'il était à Paris, les affaires pour les-
quelles il s'y était rendu n'étaient pas terminées, pas même
l'affaire Chaumel, malgré ses avis pressants ; il paraît
découragé et fatigué. Il envoie avec la sienne une lettre
de Hollande ; elle ne s'est pas retrouvée, et il ne l'accompagne d'aucun commentaire : « La guerre est le sujet de
« toutes les conversations, je n'y crois pas, en tout cas
« elle ne sera pas sérieuse, surtout si la Hollande et le
« roi de Prusse restent en paix, comme il y a apparence,
« mais tout est si secret qu'on ne sait rien de sûr. »

Le fléau du reportage était encore inconnu, fléau surtout en temps de guerre ; Jean-Jacques, peu bien informé,
juge selon ses espéances ; la guerre éclata, suffisamment
longue et désastreuse, cette guerre de la succession d'Au-
triche, où les armes françaises s'illustrèrent à Fontenoy

(1745). Elle finit au traité d'Aix-la-Chapelle (1748), bien moins glorieux et avantageux pour la France que celui de 1648, date qui ouvre notre histoire. Subissant des fluctuations semblables, les Denis vont jeter un dernier éclat avant de disparaître dans le gouffre de la révolution.

Pendant ces années de guerre, les navires marchands ne sortaient des ports et n'y entraient qu'entourés d'une flottille armée; malgré cette escorte, il leur arrivait souvent d'être enlevés par les Anglais. La correspondance commerciale de Bordeaux, pendant cette période, est remplie de récits de faillites, d'inquiétudes pour les convois partis ou attendus. Beaucoup de navires, au moment de sortir, se voyaient contraints de demeurer, et les marchandises subissaient, dans ces retards, des avaries aussi préjudiciables à leurs propriétaires que les corsaires anglais. Dans la lettre citée plus haut de Jean-Jacques, il déplore la faillite de son ami, M. Sigal, le fils. Cette lettre, adressée à Clairac, où il croyait son père, n'a pas été envoyée à Bordeaux.

M. Denis était dans cette ville par suite d'une affaire avec M^me veuve Degalz, Germaine Desclaux. Cette dame avait fait partie de la société Gleize et Seilhade pour des tabacs procurés par Denis; cette société devait à Denis vingt et une cinq cent cinquante-cinq livres dix sols; l'argent déposé à Bordeaux chez le sieur Pereire, écuyer, seigneur de la Menaude, venait de passer aux mains des héritiers dudit Pereire, décédé. Il fallait un jugement pour faire restituer cette somme ; c'est pour l'obtenir que nous retrouvons M. Denis à Bordeaux. Les formalités, tou- jours longues des jugements, le retiennent de semaine en semaine ; il est encore chez son neveu ; M^{me} Denis, fort contrariée de ce séjour chez les Caubet, espérant tous les jours le retour de son mari, écrit très rarement. Ces parents des Denis déplaisaient extrêmement à Marthe Freron par leur manière d'agir et de parler, comme la suite va nous l'apprendre.

Au bout de quelque temps de ce silence, M. Denis écrit sur un ton moitié plaisant, moitié fâché : « Je trouve, « ma femme, que tu gardes bien le silence sur toutes les « affaires que j'ai dans le haut pays, que quelque affaire « que je t'ai parlé tu ne m'as pas répondu sur pas une « que celle de la gloire, mais je compte que le papier ou « l'encre ou les plumes ont manqué, car autrement je « compte que l'on ne peut pas laisser un mari un mois et « demi absent sans l'avoir informé de rien au monde. Si « Dieu me fait la grâce d'aller là-haut, je te rendrai la pa- « reille de telle manière sur quoi tu dois compter, et que « je te tiendrais parole, car je suis outré contre toi, quoi- « que je compte que la gouvernante a bonne part dans « cette affaire et suis ton bon mari que tu ne mérites pas. « Denis. »

M^{me} Denis répond sur la même feuille, justifiant la prévision de son mari relative au manque de papier :

« J'ai reçu toutes vos lettres; si je n'avais pas attendu,
« comme vous me le faisiez espérer, que cette affaire
« finirait d'un jour à l'autre, je n'aurais pas tant tardé à
« répondre; je vous dirai que ces longueurs me font faire
« bien du mauvais sang; quant à ce que vous vous plai-
« gnez que je ne vous informe pas de ce qui se passe ici,
« vous devriez avoir meilleure opinion de moi et croire
« que s'il s'était passé quelque chose de conséquence, je
« n'aurais pas manqué à vous en informer, mais vous me
« paraissez si pressé de l'apprendre que je vais vous sa-
« tisfaire; toute votre récolte consiste en 27 sacs de fro-
« ment à Marsac, 8 à Chantes, 8 à Margouls et 4 de
« seigle et 3 charrettes de foin que nous eûmes aux Per-
« routins[1]; pour le blé de cet endroit, on n'en a pas fait
« encore le partage. Le compte fait de cette belle ré-
« colte, je trouvais qu'il ne fallait pas vous la marquer,
« de crainte que ma lettre se perdît, car vous auriez bien
« eu le temps de l'apprendre lorsque vous serez ici. Pour
« ce qui est du moulin, ce temps sec a fait qu'il a cessé
« de travailler depuis un mois. Nous reçûmes vendredi
« une lettre de Paris et nous reçûmes de Hollande sous
« le même couvert[2]; je ne vous les envoie pas, attendu
« qu'il n'y a rien qui presse pour y répondre et qu'il n'y
« a rien de nouveau, les choses sont toujours sur le

[1] Petite faisande située aux environs est de Clairac, dans les coteaux.
[2] Lettre du 5 août 1741 de Jean-Jacques.

« même pied qu'elles étaient. J'ai payé et retiré de M. La-
« garde la lettre de change que notre fils avait tiré sur
« lui, mais non pas sans avoir emprunté..... je ne vois
« nulle apparence de me liquider que vous ne soyez
« ici, car personne ne me donne rien quelque peine que
« je prenne pour cela....... Je vous prie de me dire qui
« est la gouvernante dans votre maison; pour moi je n'en
« ai jamais vu d'autre que moi, car si j'avais été maî-
« tresse, les affaires ne seraient pas sur le pied où elles
« sont; si vous voulez que je vous entende, expliquez-
« vous, mais vous me dites aussi que je ne vous réponds
« que sur la gloire[1], je m'imagine que c'est à l'égard de
« vos neveux et nièces; je souhaiterais bien que vous
« en eussiez autant, car si cela avait été, vous n'auriez
« pas fait les pas de clercs que vous avez faits. J'aurais
« mieux aimé qu'il m'en eût coûté un louis par jour que
« de manger chez eux, pour que cette dépense fût si
« souvent reprochée, car ils ont informé tout Clairac et
« ils s'en font gloire comme si c'était par charité qu'ils
« le font, et sur ce pied-là ils prétendent que nous fus-
« sions ventre à terre pour leur marquer notre recon-
« naissance; pour moi, je ne comprends pas les motifs
« qui vous appellent chez eux, je trouve qu'il ne manque à
« leur manière d'agir que de vous prendre par la main
« et vous mettre dehors, ce qu'ils auraient déjà fait s'ils

---

[1] Ce mot doit être pris ici dans le sens de fierté, dignité personnelle.

« avaient osé ; je ne réponds pas qu'ils ne le fassent, tant
« vous leur êtes à charge. »

C'est donc bien volontairement que M<sup>me</sup> Denis était
restée silencieuse, elle craignait que M. Denis ne raconte
trop ses affaires aux Caubet, et l'indiscrétion de ceux-ci.
Sa belle-sœur, M<sup>me</sup> Caubet mère, ou quelque autre de leur
parent se faisaient à Clairac l'écho de leurs bavardages ;
l'on sait ce qu'est la société des petites villes, même au XIX<sup>e</sup>
siècle, pour juger des *potins*, langage moderne, qui devaient
courir à Clairac sur le séjour chez ses neveux de M. Denis. Il avait dû y avoir un refroidissement dans les rapports des Caubet avec les Denis, antérieur à cette date ;
ces derniers les avaient aidés par leurs relations commerciales à quitter Clairac pour s'établir à Bordeaux.
Comment M. Denis est-il amené à descendre chez ses
neveux ? Est-ce en effet par économie ? Nous ne savons ;
toujours est-il que leur esprit malveillant et curieux, si-
gnalé par les quelques réflexions de M<sup>me</sup> Denis, explique
qu'elle n'envoie pas les lettres de Hollande et de Paris,
et qu'elle n'entre pas dans le ton de plaisanterie pris par
M. Denis ; ce sujet lui était pénible. Peu après l'échange
de ces lettres, M. Denis rentre à Clairac.

Dans l'année 1742, M<sup>me</sup> Denis reçoit une demande en
mariage pour l'une ou l'autre de ses filles. Cette demande est faite par M<sup>me</sup> Despujols, de Larquiet, près
Nérac, pour un jeune cavalier dont on ne dit pas le nom ;
il a trente et une mille livres de biens et est « du même

sentiment », lisez religion, que les dames Denis ; M^me Despujols fait un grand éloge de ce jeune homme. Cette
dame, « coseigneuresse » du fief de Cazenove, dans la paroisse de Saint-Brix, était parente de la famille Belloc,
de Clairac ; chez eux elle avait sans doute connu M^me Denis ; la réponse de celle-ci témoigne d'une certaine liai-
son. Tout en remerciant vivement M^me Despujols,
M^me Denis s'étonne que ses filles, si retirées du monde,
aient pu être connues de ce jeune cavalier ; elle ne met pas
en doute ses vertus, mais les demoiselles Denis, consul-
tées, font paraître un tel éloignement du mariage qu'il n'y
a pas lieu de poursuivre l'affaire. Cet éloignement est-il
réel, vient-il d'un reste d'influence du séjour forcé au
couvent ? La famille fait-elle comprendre aux jeunes filles
qu'il vaut mieux ne pas distraire leur part de biens de
la communauté, ce qui arrivait souvent ? Autant de questions sans réponse ; ce qu'il y a de certain, c'est que les
demoiselles Denis restèrent dans le célibat.

M. Denis recouvre cette même année (1742), par les
mains du Père Daubas de la Compagnie de Jésus à Agen,
une somme d'argent volée ou empruntée et jamais ren-
due. Pris de remords, le détenteur la remet en confession
au Père ; celui-ci écrit deux lettres à ce propos à M. Denis, envoyant l'argent, tout en effleurant le sujet religieux ; très correctes au reste ces deux lettres du Père
Daubas.

La guerre entravait le commerce de Bordeaux et par

suite celui des Denis; la longueur des procédures, l'en-
tretien de Jean-Jacques à Paris les mettaient dans une
position difficile; l'argent était très rare, on vivait du
produit des métairies, on payait et achetait par échange
de produits. « Je vois, écrit Jean-Jacques le 10 avril 1742,
« que l'argent est extrêmement rare dans notre province.
« Je crains fort que si la guerre continue, il ne le devienne
« encore davantage; cela fait que je me hâte autant que
« je peux à faire finir nos affaires dans ce pays..... »

Un mauvais destin semblait poursuivre les Denis pour
ce procès Pons, on devait le juger à Fontainebleau; tout
était prêt. Au moment où on allait en finir, la mort du
grand-père du rapporteur fait tout renvoyer à quinzaine.
« Il ne manquait plus que cela pour que nous ayons
« essuyé tous les incidents qu'on puisse imaginer dans
« une affaire, je vous prie cependant que cela ne vous
« donne pas d'inquiétude. J'espère que tout ira bien, Dieu
« merci, et que je remettrai bientôt le calme et la tran-
« quillité dans la maison. A l'égard de l'affaire Chaumel,
« j'en vis le rapporteur dernièrement, il me promit de
« rapporter le procès à Fontainebleau..... A l'égard de
« M. de Mont Croc[1], je ne juge pas à propos de le voir, at-
« tendu que Mme la duchesse[2] se trouve intéressée dans
« cette affaire en quelque façon, et si j'avais voulu en faire

---

[1] Gripière de Mont Croc, sieur de la Tour, propriétaire de la Tour
de Rance près du bourg de Lafitte.

[2] Marie Vignerod, duchesse d'Aiguillon.

« parler à M^{me} la duchesse, j'aurais pu, il y a longtemps,
« le faire par des personnes qui ont plus de crédit chez
« elle que M. de Mont Croc, mais je ne l'ai pas fait, parce
« que cela ne nous aurait amené à rien..... J'ai tout lieu
« de croire que je ne laisserai pas cette affaire der-
« rière....... »

Remerciant ses parents de l'argent qu'ils lui avaient
envoyé malgré la difficulté de s'en procurer, Jean-Jacques
termine ainsi : « Je suis bien mortifié de toute la peine
« que vous prenez pour pouvoir m'en fournir. Il me
« tarde beaucoup d'être à portée pour pouvoir vous
« soulager, vous avez assez travaillé pour nous, il est
« temps que vous vous reposiez et que je commence à
« mon tour à faire quelque chose, mais je n'entends agir
« que sous vos ordres. J'assure ma chère mère de mon
« respectueux attachement et sœurs et nièce de mon
« amitié ; j'ai l'honneur d'être avec un profond respect,
« mon très cher père, votre très humble et très obéissant
« et soumis fils. Denis. »

Quelle différence de style avec son frère aîné, toujours
exagéré et prolixe dans ses sentiments et ses promesses ;
il semble que Jean-Jacques agira d'autant plus qu'il parle
peu. Il paraît avoir dans cette fin de lettre le pressenti-
ment que bientôt il marchera seul dans le monde ; cette
tristesse exprimée dans le regret de ne pouvoir faire
plus pour son père, lui vient à la pensée qu'après six
années d'absence il pourrait bien ne pas retrouver le

foyer paternel tel qu'il l'a quitté. Il songe déjà aussi à son mariage, qui devait lui donner une position pécuniaire meilleure, tout en lui apportant des charges et des soucis qui rendent « ses pensers » plus graves. Les mois s'écoulent sans que nous ayons d'autres nouvelles de la situation des Denis à Clairac, jusqu'au 12 janvier 1743. Jean-Jacques écrit à son père la perte du procès Pons et l'annonce de son mariage avec M^me veuve Brossard de la Poupardière ; il espère que cette bonne nouvelle les consolera de l'autre. M. Denis ne jouit pas de cette consolation, il meurt le 13 janvier 1743, soit de maladie ou de la perte du procès ; perte pressentie avant la lettre où son fils l'annonce comme définitive. Il s'y était attaché avec une telle ardeur qu'il est permis de croire que sa déception fut grande et cruelle ; la lettre de Jean-Jacques arriva à Clairac après la mort de M. Denis père.

# IX

Jean-Jacques s'étend longuement sur les mérites de
sa jeune femme, surtout sur la douceur de son caractère.
Elle était veuve depuis un an et avait quatre enfants ;
elle était sœur de M$^{me}$ Van Laan, chez qui allait le jeune
Denis. Depuis bien des mois, Jean-Jacques faisait sa cour
sans qu'aucune des lettres parvenues jusqu'à nous en
ait rien dit ; le mariage est terminé quand il l'annonce
à ses parents. Les Emminck, les Lefébure, M$^{lle}$ Sanxay,
M. de Sillac, les Van Laan, tous amis et parents de la
jeune veuve, qu'ils appelaient « la petite mère », l'avaient
fort pressée d'accepter les offres du jeune Denis, l'esti-
mant beaucoup. La position de « la petite mère » n'était
pas des plus faciles avec une succession à liquider et des
enfants mineurs.

Le premier mari d'Henriette Pomiès, M. Brossard,
gentilhomme de la comté de Bezon, pays d'Aunis, appartenait à la religion réformée. Il avait de grandes propriétés au Cap Saint-Domingue et un fief, La Poupar-

dière, près de Saint-Hilaire (Charente-Inférieure), dont il rendait hommage au prince de Talmont[1]. Les parents d'Henriette Pomiès vivaient à Saint-Domingue; sa sœur, M^lle Pomiès Destouches, avait épousé en 1738 M. Van Laan, chapelain de l'ambassade de Hollande; c'est chez cette sœur que M^me Brossard vint, après avoir perdu son mari, abriter ses quatre enfants, dont trois fils (le plus jeune mourut avant le second mariage), cherchant conseil et appui. M. Denis, charmé des agréments physiques de « la petite mère », se fit agréer d'elle, appuyé par la famille, qui voyait en lui un protecteur sûr pour cette veuve et ces orphelins; il s'occupa en effet de ces derniers avec une sollicitude toute paternelle. Une autre sœur Pomiès, mariée à M. Belloc, résidait au Cap avec son père; une branche de la famille Pomiès habitait Caussade, près de Montauban.

Nous ne croyons pas que Jean-Jacques soit venu à Clairac de suite après la mort de son père. L'inventaire se fait dans le courant de janvier, peu après la mort, à la requête des enfants, comme héritiers désignés par le testament déposé chez Guillaume Gadiot, notaire à Clairac. La date de cet acte a été dévorée par les rats ainsi que plusieurs passages de l'inventaire. En 1731 M. Denis

[1] Ne pouvant vivre du produit de sa terre, Brossard faisait le commerce des colonies de même que plusieurs nobles de l'Aunis, où régnait sans doute, comme en Bretagne, l'usage de commercer, sans en être déconsidéré.

avait fait un premier testament que nous avons en entier; il léguait 60 livres aux pauvres honteux, voulant
que son héritière les distribue elle-même; il déclarait
avoir été marié à Marthe Freron et en avoir eu quatre
enfants: deux fils et deux filles. Par ce testament il
laissait tous ses biens à sa femme, à charge par elle
de nourrir et d'entretenir leurs enfants, de payer ses
dettes, avec pouvoir de vendre ou « troquer » ses biens
comme il l'aurait fait dans sa vie, de tester en faveur de
celui des enfants qu'elle préférerait. Par quelles circonstances M. Denis fut-il amené à changer ses dispositions?
la conduite de son fils aîné, la maladie de sa femme y
sont peut-être pour quelque chose; d'après l'inventaire,
ce sont les enfants Denis qui sont héritiers et non Marthe
Freron.

Il est fait mention dans cet inventaire de divers effets
mobiliers ou personnels, appartenant à Marthe Freron et
à Élisabeth Denis, sa petite-fille; celle-ci devait avoir
vingt ans. L'intérieur de la maison semble un peu plus
garni qu'au temps de la mort d'Abel Denis en 1677, c'est
même une maison neuve. Dans la chambre de M. Denis
se trouve une armoire à quatre portes, probablement une
armoire aux panneaux taillés à facettes saillantes, quel-
quefois encadrés de colonnettes torses; cette armoire
renferme du linge en assez grande quantité, une tasse
d'argent, des médailles de cuivre et d'argent. En plus
de l'armoire, deux lits, l'un en bois de noyer et de brulle,

appartenant au sieur Denis, l'autre à Marthe Freron; les
deux lits garnis de cadis vert avec couverture blanche.
Deux coffres en « peau et cloutés », l'un provenant de la
demoiselle Freron, l'autre acheté « à l'encan de la vente
des biens de M^lle Salomon de Poulard ». Ces deux coffres
sont remplis de draps et de serviettes, et de la garniture
en tapisserie de six chaises et un fauteuil, garniture faite
par la demoiselle Freron. Une table en bois de Hollande
avec dessus d'ardoise, et deux guéridons en noyer appartenant à la demoiselle Freron, douze chaises en noyer
garnies de..... (le mot manque), un miroir de moyenne
grandeur dans un vieux cadre de noyer terminent l'a-
meublement de cette chambre.

D'après ces détails, c'est Marthe Freron qui avait ap-
porté l'aisance intérieure dans la maison Denis. L'inventaire énonce quantité d'ustensiles en cuivre rouge : quatre
poêlons, une tourtière, un hôpital (bouilloire), des brocs,
deux réchauds, deux bassines, huit chaudrons, un ré-
chaud à pieds. Dans une chambre appelée « Laguérine »,
deux lits, un à l'ange garni de cadis bleu et d'une couverture blanche, l'autre à tombeau, avec couette, cous-
sin, etc.; le reste de l'inventaire de la maison est perdu;
il y a un état des biens-fonds laissés par M. Denis le
père. Il est regrettable que l'emplacement des maisons
n'y soit pas mieux déterminé, ce qui empêche de le retrouver dans le Clairac actuel.

Voici l'état des biens :

1° La basse-cour et emplacement de deux chambres de maison, de la maison neuve. . . . . 1000 livres.

2° Une maison où habitaient anciennement le sieur Denis et sa femme . . . . . . . . 1000 livres.

3° Une maison située à Maubourguet, vendue à Pierre Martineau par le sieur Denis . . . . . 2500 livres.

4° Une autre maison située à la Fosse, venant de la succession de Guiraud Bazat, et un cartonnat ou environ de vignes, pour raison de quoi il y a procès [1].

5° Une petite métairie située dans la paroisse de Marsac, d'environ 50 cartonnats, bâtiments et une paire de bœufs ; une partie des cartonnats vient d'acquêt ; ce qui est au sieur Denis est estimé . . . . . 6236 liv. 18 s.

6° Plus une faisande à Chantes, d'environ 32 cartonnats et une paire de taureaux . . . . . 6500 livres.
En 1677, cette faisande n'avait que 22 cartonnats et était estimée 2500 livres.

7° Cinq cartonnats de vignes à Cambes. 1000 livres.

8° Un pré de 6 cartonnats aux Perroutins 900 livres.

---

[1] Procès Lartigue.

Cour de la Maison Denis

9° A Tajac, dans la paroisse du Vaqué, 3 cartonnats et demi de vignes. . . . . . . . . . 525 livres.

10° Six cartonnats de vignes à Las Car-bouères . . . . . . . . . . . . . 900 livres.

Les meubles et effets délaissés par le sieur Denis sont estimés 1000 livres, ceux de son père Abel Denis n'a-vaient été portés qu'à 400 livres; voilà la progression.

D'après ces évaluations, Jean Denis laisse une fortune d'environ vingt-cinq mille cinq cent soixante et une livres. Avec les acquêts, il avait acheté et bâti la maison neuve; une partie de l'emplacement avait été achetée aux sieurs Daunessan, Guerin et Laporte. Cette maison, si-tuée dans la paroisse Saint-Martin, touchait, croyons-nous, à l'ancienne maison; M. Denis mourut dans la neuve.

M. et M^me Denis avaient aussi acheté des héritiers Brustis la maison et la tannerie du Pontpayrin; ils avaient acquis divers cartonnats de terre, le sixième d'une meule de moulin sur le Lot; de M. Pomarède de Chappelle ils achetèrent une terre à Lafitte, que M^me Denis revendit.

A la suite de cette estimation des biens, se trouve un état des billets et contrats d'obligations souscrits à di-verses personnes de Clairac. Les héritiers Denis payent, à la suite du procès Pons, audit sieur et à Chatal sept mille et vingt-huit livres; à M. Ribail, successeur de la maison David Denis de Bordeaux, huit cent vingt-neuf

11

livres; à un autre négociant il est rendu quatre-vingt-seize livres. Jean-Jacques avait reçu dix-huit cents livres, son frère aîné quatre mille.

M. Ribail avait rendu de grands services aux Denis de Clairac; après la mort de son mari, Marthe Freron continue quelque temps avec lui le commerce du vin. La branche Denis de Saint-Savin avait chargé M. Ribail de la liquidation de la maison David Denis; c'est ainsi qu'il prit la suite des affaires Plus proches parents des Denis de Bordeaux que de ceux de Clairac, les Denis de Saint-Savin entretenaient cependant des relations amicales avec eux; en 1737, le conseiller, en déplacement à Bourg dans le Blayois, avec l'archevêque, priait son cousin Jean Denis de lui envoyer « de beaux muscats, de belles pêches et de belles prunes », en retour il offrait les services de sa femme et de son fils alors à Paris, pour rapporter aux Denis ce qui leur serait agréable d'avoir de cette ville.

## X

La famille Denis se composait à Clairac, après la mort
de son chef en 1743, de sa veuve, qui occupait avec ses
filles et petite-fille une des trois maisons délaissées par
son mari ; de Jean-Jacques et de sa femme, logés à part.
Ils ne tardèrent pas à quitter ce petit logis pour la maison noble de Poulard, achetée peu après leur mariage.

Malgré le procès avec son frère et ce qu'il paye pour
celui de Pons et Chatal, Jean-Jacques augmente son bien-
fonds dans une grande proportion. Son mariage le rend
propriétaire aux îles ; il entre en relations commerciales
et amicales avec un cousin du premier mari de sa femme,
M. Bonneau des Gardes, négociant à La Rochelle ; avec
le capitaine Lecordier, commandant du *Diligent,* navire
armé en partie par les Brossard, partant de La Rochelle ;
un autre navire, l'*Actif,* appartient aussi aux Brossard-
Denis. Non seulement Jean-Jacques prend la succession
Brossard en ce qui concerne les affaires commerciales,

mais aussi celles de la famille : il écrit régulièrement à M. et M^me Bonneau des Gardes, à la sœur de celui-ci, M^me Boursaut; il vient en aide à une belle-sœur de sa femme, M^me Brossard des Chaignées, dont le fils fut chargé de diriger les propriétés Brossard à Saint-Domingue; M. Denis lui donne conseils et argent comme un véritable parent.

Joint au commerce de son père, celui des îles occupe beaucoup M. Denis; il resserre alors ses relations avec un négociant de Bordeaux, M. Delorthe; il a avec lui une correspondance très suivie, surtout pour les expéditions et les réceptions des envois de Saint-Domingue. Les lenteurs et les dangers de la navigation, avec la guerre, entravaient les transactions maritimes. M. Pomiès père, vivant à Léogane, avait promis une dot à sa fille, M^me Denis; mais pour avoir ce capital, ce fut très long. Plus tard, sa mort et la succession d'une dame Acher, leur tante, habitant aussi Léogane, procurent à Denis de nouveaux tracas. Il fallait écrire plus d'une fois pour obtenir une réponse des créoles, envoyer des procurations, réclamer souvent pour n'avoir que la moitié de ce qui était dû. Les Belloc vivant sur le bien de Léogane n'envoyaient jamais d'argent; des marchandises, de temps à autre : sucre, indigo, épices, qui arrivaient plus ou moins en bon état et se vendaient parfois à des prix peu rémunérateurs ; les créoles accompagnaient ces envois de présents : barils de petits citrons, perruches qui mouraient en route. Toutes ces circonstances rendaient la succession de M. Pomiès fort longue à régler ; elle était à peine terminée quand la révolution vint, à la plus grande joie des Anglais, ruiner notre belle colonie de Saint-Domingue.

En suivant les affaires de sa femme, Jean-Jacques ne délaisse pas les siennes ; il s'occupe tout d'abord de terminer celles que son père avait laissées en suspens. Ainsi il essaie de reformer une société pour les achats et ventes de tabac avec le fils Meynadier et Chatal, sans doute pour ne pas tout perdre de la première société qui avait amené le procès ; celui-ci ne fut définitivement réglé qu'en 1750 (lettre de M. Pelet, avocat à Bordeaux). Jean-Jacques acquitte aussi les frais de M. Carrié pour le procès Lartigue, dont nous avons vu que Denis père n'avait plus voulu entendre parler.

En dehors de la correspondance avec M. Delorthe, Jean-Jacques écrit à un M. Laporte, négociant, et très rarement à son cousin Caubet. Il le charge de vendre, en 1745, une belle chaise de poste, achetée sans doute pour conduire la jeune M^me Denis à Clairac, et des galons d'or et d'argent chez l'orfèvre Pourçain ; cette maison existe encore. En 1762, Caubet écrit, se réclamant de la parenté pour recommander un neveu ou cousin. Dans ces lettres de Bordeaux, on voit combien cette place était troublée par suite de la guerre et l'insécurité des mers. Les faillites et la misère allaient en augmentant ;

1747 et 1774 furent les deux années les plus funestes
pour le commerce bordelais : 1747, à cause des Anglais qui capturaient tous les navires marchands; 1774,
par suite des mauvaises récoltes, d'une gêne générale;
cependant Bordeaux était rempli de fêtes; « à voir les
« gens s'amuser, écrit M. Laporte, il me semble voir un
« malade incurable cherchant à s'étourdir sur ses maux.»
Cette réflexion serait aussi vraie aujourd'hui.

M. Delorthe avait un fils ou frère qui régissait, avec
M. Philipot, les propriétés de M. Denis au Cap. Ils faisaient marcher les moulins à sucre, surveillaient les plantations, achetant ou vendant les esclaves selon les besoins de la propriété. Ce Philipot appartenait à une famille
de Clairac; bon nombre de ses compatriotes sortaient
plus facilement de leur ville que ceux d'à présent; nous
en avons vu en Hollande, en Angleterre; au XVIIIe siècle
beaucoup vont à Saint-Domingue. Un Freron, cousin de
Mme Denis, y passe quelque temps; un Roussannes la
Gravette, dont les Denis s'étaient beaucoup occupés à
titre de parent, un de Laguehay et d'autres, dont les
noms ne nous sont point connus.

C'est en mai 1743, que Jean-Jacques Denis amène sa
jeune femme à Clairac; il laisse à Paris les jeunes Brossard, tout au moins la fillette « Poupardille », à la garde
de Mlle Sanxay. Cette demoiselle, d'après les lettres
qu'elle écrit à M. et Mme Denis, paraît avoir été plutôt
une amie qu'une gouvernante. Une compagnie intime se

réunissait chez elle à des jours fixés; les Emminck et les Lefébure en faisaient partie; M. Denis en avait été un des ornements, on l'y regrettait beaucoup, et sa femme aussi. Les lettres de ces amis de Paris et des Van Laan sont nombreuses dans les premiers mois de l'été de 1743; toutes demandent comment M$^{me}$ Denis se trouve dans ce nouveau pays, si la chaleur ne l'incommode pas. Malheureusement nous n'avons aucune des réponses faites à ces lettres, ni aucun indice pour nous renseigner sur l'accueil fait à la nouvelle M$^{me}$ Denis par sa belle-mère et ses belles-sœurs; quelles furent leurs relations, affectueuses ou seulement polies? Ce que nous avons pu comprendre, c'est que le pays, tant vanté par Jean-Jacques, ne paraît pas surfait à la jeune femme, elle semble s'y plaire; quant au mari, il est enchanté de la bonté de caractère de M$^{me}$ Denis; cette qualité lui concilia sans doute sa belle-famille, comme elle avait charmé le cercle d'amis laissé à Paris. Plaisantant sur des éloges que M. Denis donne au caractère de sa femme, M. Van Laan lui répond: «A qui « venez-vous conter que votre femme est aimable et gen- « tille? Croyez-vous que nous en doutions et pensez-vous «de bonne foi que nous ayons besoin des attestations « que vous pourriez nous fournir? tous ceux qui la con- « naissent conviennent de cette vérité....» M. Van Laan rend compte à M. Denis des arrangements pris après leur départ avec un domestique, et avec les locataires d'une maison sise rue des Poulies. Il envoie des compli-

ments à des personnes de Clairac, les demoiselles Sageran et Coignon; avait-il connu ces dames à Paris, ou
lui-même était-il venu à Clairac? M. Van Laan termine
sa lettre en recommandant à M. Denis de ne pas parler
de leur degré de parenté; il le traite de cher ami, jamais
de frère. Au mois d'août, une de ses lettres annonce aux
habitants de Clairac la visite de deux amis: MM. de Bru-
gière et Duprat.

M. Lefébure est un des correspondants assidus; il se
réjouit de savoir M^me Denis heureuse d'être à Clairac; il
lui donne des nouvelles des trois enfants restés chez
M^lle Sanxay, et demande ce que devient le petit Jean de
la Case, « qui doit bien faire des cabrioles », quelque
petit négrillon de M^me Denis probablement. M. Lefébure
s'étonne que M. Degalz, leur ami commun, en ce moment
à Tonneins, ne soit pas allé voir les Denis; être si près
d'eux et n'en pas profiter lui paraît au-dessus de sa compréhension; il n'agirait pas ainsi: « L'air du pays n'est
« pas favorable à l'amitié, ou bien il (M. Degalz) est de-
« venu plus extraordinaire que jamais. »

Au mois d'octobre M. Lefébure félicite les Denis de la
naissance d'un enfant; il espère les revoir bientôt à
Paris et les faire causer sur ce *charmant pays*. Pendant
les six années passées hors de Clairac, on voit que Denis
n'avait cessé de vanter le climat et les agréments de la
vallée du Lot à ses bons amis de Paris; il trouvait son
coin natal d'autant plus beau qu'il en était loin. Après

son mariage, il retourne une ou deux fois à Paris pour des séjours plus ou moins longs ; les Denis gardent leur appartement jusqu'en 1745. Pendant les six ans passés à Paris, Jean-Jacques avait acquis le droit de bourgeoisie ; il est qualifié de bourgeois de Paris dans quelques actes ; des lettres lui sont adressées avec cette mention. En leur absence de cette ville, c'est M. Lefébure qui paraît plus spécialement chargé des affaires des Denis ; nous croyons qu'il avait un emploi dans les fermes générales et qu'il rendit service à Jean-Jacques, surtout pour le payement des droits seigneuriaux sur la terre de Poulard.

## XI

Un des séjours des Denis à Paris a dû être motivé par
la maladie de la jeune Poupardille; elle fut à la mort,
et son état demandait un traitement long et difficile.
Mlle Sanxay en rend compte dans ses lettres, de même
que l'apothicaire M. Labat; il écrit à M. Denis l'effet des
remèdes et l'état de la malade. Mlle Sanxay, en dehors
des détails sur la maladie de sa petite pupille, raconte ce
qu'elle achète pour sa toilette, les sorties qu'elle lui fait
faire, les leçons, etc. En 1747, M. et Mme Denis font revenir leurs trois enfants et les établissent à Bordeaux;
Poupardille est confiée à Mme Lavie-Lambert, qu'elle appelle « ma tante »; les deux garçons, Poupardière et
Brossard dit Desplantes (nom d'une propriété de l'Aunis) sont placés dans une pension tenue par Mlles Chava-
roche. C'est M. Delorthe qui les reçoit à leur arrivée à
Bordeaux; il les entoure, aidé de sa femme, de tous les
soins possibles; pendant tout le temps qu'ils restent à

Bordeaux, M. Delorthe les voit, paye leur pension, s'informe de ce qui leur manque en habits, argent de poche, et le transmet aux parents. M^me Lavie-Lambert écrit assez souvent au sujet de son élève; Poupardille reste chez elle tout le temps de son éducation.

Les lettres étaient plus fréquentes, à cause des affaires commerciales et de celles de ses enfants, entre M. Denis, MM. Bonneau des Gardes et Delorthe qu'avec ses autres amis; ils se plaignent souvent de son silence. M^me Denis ne paraît pas avoir secondé son mari dans la tâche d'entretenir le commerce de l'amitié, soit qu'en effet le pays n'y eût pas été favorable, soit qu'elle eût été trop occupée de la venue assez rapide, de cinq nouveaux enfants: deux fils et trois filles. Parmi ces correspondants qui se plaignent de manquer de nouvelles, nous mentionnerons M. Chaudruc; sa famille était originaire de Clairac. En 1716, un M. Chaudruc, à l'armée de Flandre, écrivait à M. Jean Denis de donner du froment à sa femme « par petites quantités, autrement il serait gaspillé »; M^me Chaudruc signe des reçus pour ce froment. Celui qui écrit à Jean-Jacques en 1755 habite La Rochelle, après avoir séjourné à Paris. Il est marié, a une nombreuse famille et a été obligé de changer plusieurs fois de résidence à cause de la religion. Il envoie une commission à ses parents, demeurant à Fernan, par M. Denis. Dans une autre lettre, il lui parle du siège de Mahon (1756), où se trouvent deux gentilshommes de Clairac, MM. de Salomon

et de La Corrège; M. Chaudruc s'inquiète de leur sort
et prie M. Denis de l'en informer.

Avec les Van Laan la correspondance est assez suivie
jusqu'à la mort de M. Van Laan, en 1752. A partir
de cette date, M$^{me}$ Van Laan et sa fille n'écrivent que
dans les grandes occasions; M. Denis leur avait offert
de se retirer à Clairac auprès de leur sœur et tante, mais
la crainte des persécutions religieuses, plus à craindre
dans les petites villes qu'à Paris, leur avait fait refuser
cette aimable offre; du moins c'est le motif qu'elles allè-
guent. La dernière lettre que nous ayons de M$^{lle}$ Van
Laan est de 1780; elle répond aux condoléances de
M$^{me}$ Denis sur la mort de M$^{me}$ Van Laan. Aucun membre
de cette famille n'a fait, croyons-nous, le voyage de
Clairac, tandis que les Bonneau des Gardes y sont venus
au moins une fois, avec des parents de l'Aunis ou des
amis, entre autres un M. Lambert. Dans quelques-unes de
leurs lettres, ils parlent des charmes de Clairac et de ses
habitants; M$^{me}$ Denis leur rendit leur visite à La Rochelle.

En 1755, M. Denis envoie son beau-fils Desplantes et
Denis, son fils aîné, à Neuchâtel, chez M. le professeur
de Montmollin. Ce séjour et ce choix d'une pension suisse,
nous semble avoir été déterminé en vue de la première
communion des deux jeunes gens[1]; ils y restent jus-

---

[1] En 1757, M. Denis prend conseil de M. de Lisleferme pour régula-
riser la situation des mineurs Brossard, en considération de l'arrêt de

qu'en 1760. Les nombreuses lettres de M. de Montmollin, pendant les cinq années passées chez lui par les jeunes Denis et Desplantes, n'expriment pas une grande satisfaction de leur conduite et de leur caractère. Il dépeint Desplantes : un caractère froid, difficile à diriger et paresseux ; Denis aimable, mais tête sans cervelle, peu porté à l'étude, ne travaillant que s'il est bien surveillé. Les deux jeunes gens écrivent peu pendant leur éloignement, ou leurs lettres ont été égarées ; nous savons qu'ils éprouvent un grand contentement à quitter la pension de Neuchâtel.

Les deux autres frères, Poupardière et Denis le cadet, appelé Lalande, du nom d'une métairie de son père, font leur instruction à Toulouse avec un neveu de M<sup>me</sup> Denis, le jeune Pomiès. Ces trois cousins logeaient chez M. Clausade, qui leur faisait suivre des cours hors de chez lui. En 1762, Denis et Desplantes rejoignent leurs frères et cousin. Dans une lettre de cette année-là, M. Clausade, après avoir donné des nouvelles de ses élèves, ajoute en post-scriptum : « Rien de nouveau pour l'affaire Calas, « on pense qu'on jugera le ministre et les gentilshommes « verriers qui l'accompagnent. »

De cette époque nous avons plusieurs lettres de Poupardière et de Desplantes à leur beau-père ; elles ne don-

1724 sur les enfants des protestants. M. de Lisleferme répond de les envoyer à Paris ou d'attendre d'être assigné, ce qui peut ne pas se produire, l'arrêt ne devant pas être appliqué dans toute sa rigueur.

nent aucun indice du caractère des jeunes gens ; courtes et respecteuses généralement, mais montrant que les enfants sont en termes agréables avec leur beau-père. Nous savons du reste que M. Denis n'a pas fait de différence entre les enfants de sa femme et les siens ; il cherche à donner à ses quatre fils une instruction et une éducation solides, dignes de leur position ; ses efforts, pour aucun des quatre n'ont abouti à ce qu'il était en droit d'attendre.

Poupardière, devenu majeur, partit pour les propriétés du Cap qui lui revenaient du chef paternel ; il y meurt en 1782 après une vie assez déréglée. M. de Sillac écrit une lettre de condoléance aux Denis sur la mort de Poupardière.

Desplantes passe quelque temps aux îles, puis revient à Bordeaux ; dans cette ville il s'occupe de commerce avec M. de Laguehay, capitaine de navire marchand. A eux deux ils arment des navires et trafiquent avec le Cap, d'après ce que nous apprend M. Delorthe. Ce négociant, parlant à M. Denis des affaires du Cap, lui écrit : « MM. Desplantes et de Laguehay s'entendront « ensemble à ce sujet, je ne veux point leur en parler, vous « savez par expérience combien Desplantes est désa- « gréable, on ne peut lui parler sérieusement. »

La sœur Jeanne Brossard de la Poupardière, dite Poupardille, épouse ou dut épouser à Bordeaux un cousin Pomiès ; les parents de ce Pomiès habitaient Léogane

dans l'île Saint-Domingue. En 1764, Pierre Pomiès et
M^{lle} Michel, épouse Pomiès, envoient leur autorisation
notariée, contresignée du gouverneur de Saint-Domingue,
Saillenfer ou Taillenfer de Fontenilles. Dans cette procuration, M. Pierre Pomiès est qualifié de capitaine de
cavalerie, résidant à Nippe, près Léogane. Le futur avait
pour marraine, la veuve d'un ancien gouverneur de Saint-
Domingue, M^{me} Giet de Nolidos. Nous ne savons si ce
mariage s'effectua, ou si la mort ou toute autre circonstance le dénoua, mais en 1783 Jeanne de la Poupardière
était la femme de M. de Laguehay, l'ami de Desplantes;
ils eurent plusieurs enfants.

Vers la fin de sa vie (1785 ou 86), voici le jugement
que Jean-Jacques Denis porte sur ses beaux-enfants;
nous l'avons relevé dans une lettre non datée, adressée
à une cousine qui n'est pas nommée, une parente de
M^{me} Denis probablement. M. Denis parle à cette dame
des colonies et de leurs habitants : « C'est un pays où il
« n'y a pas de religion, aussi leur conscience ne leur re-
« proche rien; Poupardière a été y finir ses jours comme
« vous l'aviez prédit. Desplantes est à Bordeaux, où il
« ne se conduit guère mieux. Du reste, ils ne m'ont jamais
« donné aucune satisfaction, ni à leur mère qui les ché-
« rit, et nous ont payé d'une noire ingratitude; Poupar-
« dière était celui qui pensait le mieux des trois, jugez
« des autres. »

Les vrais fils de M. Denis ne le consolent pas beaucoup des mécomptes des enfants Brossard. L'aîné, par suite sans doute de la légèreté de son caractère, fait des dettes. Ses parents cherchèrent à le marier à Bordeaux avec une demoiselle Denis, leur parente éloignée ; M. Denis s'informe d'elle auprès de M. Delorthe, disant qu'il en ferait volontiers sa bru. Une lettre de M. Laporte, félicitant en 1774 M. Denis « de l'heureux mariage de votre « aîné », nous apprend l'événement sans nous dire le nom de la jeune mariée. Par le même correspondant, nous apprenons la mort de ce même fils, deux ans après son mariage. Les tantes du jeune Denis avaient séjourné à Bordeaux à l'occasion du mariage. Rien ne fait supposer que ce Denis ait laissé un héritier. En 1781, les parents Denis prennent des renseignements sur une demoiselle Couderc, un peu boiteuse ; c'est sans doute pour François Lalande ; mais nous ne sommes pas sûrs qu'il l'ait épousée. M. Pomiès Grispière de Montalivet écrit de Léogane, en 1790, à M^me Denis-Lalande, évidemment belle-fille de Jean-Jacques Denis, lui annonçant l'arrivée de son fils en bonne santé à Léogane. Si cet enfant est le fils de François, il aurait été envoyé bien jeune loin de sa famille ; il est vrai que dans les temps troublés qu'on traversait, on était obligé d'agir bien différemment qu'à une époque où les passions sont moins surexcitées. Peut-être craignait-on pour cet enfant le séjour en France ; l'on ne prévoyait pas qu'aux îles la tempête déchaînée par la Révolution, ferait des blancs des victimes plus sûres qu'en France ne l'étaient alors les honnêtes gens.

Lalande survécut à ses frères et sœurs; toutefois, d'après le testament de M. Denis, ne lui laissant qu'une pension alimentaire, payable quatre fois l'an, avec menace même de ne lui laisser que ce que son père ne peut lui ôter; il est probable que sa conduite n'avait pas contenté ses parents. Après la mort de M. et M^me Denis, nous voyons François à Poulard chez sa sœur, Marie-Henriette Javel (an V de la République, 1797). Cinq ans plus tard il est à Agen; un de ses beaux-frères, M. de Léaumont, mari de Marie-Henriette Lesparilles, est sommé par Miraben de payer les dettes de Lalande sur l'argent qu'il a à lui envoyer. M. de Léaumont était chargé de payer la pension de Lalande; la fille de Lesparilles Denis et de M. de Léaumont l'a continuée jusqu'à la mort de son oncle, arrivée à Agen en 1824.

C'est sur un brouillon de testament de M. Jean-Jacques Denis, que nous avons trouvé une partie de ces indications; nous y puisons les renseignements suivants sur ses filles.

L'aînée, Jeanne-Judith, épouse vers 1782 M. Balguerie, bourgeois et marchand de Clairac; la prospérité de cette famille avait suivi la même progression que celle des Denis; nous ne savons si des enfants vinrent de ce mariage. En 1802 (an X de la République), Jeanne-Judith est portée: veuve Balguerie, sur le rôle des impositions. De

12

son père, elle hérite de la métairie du Boy, située aux Gouts, juridiction d'Aiguillon ; de Chantes et d'une somme de trente mille livres.

La seconde fille, Marie-Henriette, se marie en 1782 avec M. Javel, bourgeois et marchand de Castelmoron. En 1783, M. Javel père écrit de Castelmoron à M^me Denis l'heureuse naissance d'une fille ; il doit la nommer avec M^me Denis et se réjouit de ce bonheur. D'après les dits de famille, Javel aurait ruiné sa femme par sa passion pour le jeu ; M. Denis ne le prévoyait pas, puisque c'est à cette fille, instituée son héritière universelle, qu'il laisse presque en entier le domaine de Poulard. En 1797, elle y réside avec son frère Lalande et paraît sans son mari au testament de sa tante Denis ; nous pensons donc qu'elle était déjà veuve. Il faut attribuer la vente de Poulard, et la dispersion des biens Javel à toute autre cause qu'au jeu de M. Javel, croyons-nous d'après ces renseignements.

Marie-Henriette Lesparilles, troisième fille des Denis, a dû se marier à peu près au même moment que ses sœurs ; peut-être les trois noces se firent-elles en même temps ; toutes sont de l'année 1782. Une note datée de cette année, est envoyée de Bordeaux à M^lle Lesparilles Denis, par son amie, M^lle Nairac ; elle porte payement de divers objets pour son mariage : *pou de soie* blanc, coiffes de noces, un étui d'or et différents autres bijoux ou objets de toilette. Lesparilles épouse M. Jean-Jacques de Léaumont et habite Castille[1]. De cette union, trois filles sont nées; deux meurent de la petite vérole avec leur mère, vers 1790; affolé à la suite de ces trois deuils, M. de Léaumont part pour Bordeaux. Il laissait l'aînée de ses filles, aux prises avec la cruelle maladie, chez sa mère nourrice; les soins de cette femme dévouée et de l'oncle de la fillette, M. Noël de Léaumont, lui conservèrent la vie. Quelque temps après, M. de Léaumont se remarie avec Mlle Henriette de Laguehay, fille de Jeanne de la Poupardière, demi-sœur de Mme de Léaumont, sa première femme, sa nièce par conséquent.

De l'héritage de son père, Lesparilles devait avoir Margouls, qui venait de sa grand'mère, Marthe Freron; les meules du moulin de Clairac; en partage avec sa sœur Balguerie, elle avait une part de la maison de Clairac, laissée en jouissance à Mme Denis sa vie durant; celle-ci avait tous les meubles, argenterie et autres objets à l'usage du ménage sans avoir besoin d'en faire dresser l'inventaire. Mmes de Léaumont et Balguerie ont aussi une part de la maison voisine de celle habitée par leurs parents, et d'une autre vis-à-vis; mais le tout ne doit être partagé qu'à la mort des sœurs de Jean-Jacques Denis; elles en ont la jouissance. C'est en vertu de cette clause

---

[1] Ancien fief près de Clairac, M. Duteils seigneur de Castille, figure en 1672 dans un acte, passé chez Destoups notaire de Clairac, entre Abel Denis et la dame de Massaq veuve Pomios. La famille de Léaumont est originaire de l'Armagnac.

que, l'an V de la république, M. Jean-Jacques de Léaumont, agissant pour sa fille mineure : Madeleine, Antoinette, Saverny ; Élisabeth Denis, nièce de Jeanne-Judith Denis, décédée ; Jeanne-Judith Balguerie et Marie-Henriette Javel font poser les scellés dans la maison où leur tante et grand'tante venait de mourir. Cette maison est dite : sise rue de la République ; mais nous croyons que cette rue a été élargie, et les maisons démolies, dont peut-être une des Denis, occupaient ce qui est aujourd'hui la place du Temple ; il ne reste que les deux maisons qui se touchaient, dont on a fait une seule.

Les héritières de Jeanne-Judith semblent avoir eu quelques contestations au sujet de la part d'héritage d'Élisabeth Denis (Élisabeth était âgée d'environ 58 ans). C'est à l'occasion de ce partage, comme nous l'avons déjà dit, que nous avons eu connaissance des deux testaments de Marthe Freron ; M. de Léaumont s'en fit délivrer copie pour assigner la part d'Élisabeth. De cette dernière nous ne savons plus rien ; elle a dû rester dans la maison de sa tante Jeanne, et hériter d'une bonne partie des meubles ou hardes mentionnés à l'inventaire. La maison de Jeanne-Judith Denis était composée de : deux chambres, une cuisine, des caves et un grenier. L'une des chambres a deux lits garnis d'indienne, une tapisserie en toile peinte, des fauteuils « rembourrés de soie », deux glaces à cadre doré, plusieurs tables. Nous voilà loin de la simplicité des filles d'Abel Denis ; de même pour la garde-robe,

Rue des Treilles qui arrive au coin de la maison Denis.

qui se compose, entr'autres costumes, de quatre ou cinq robes en soie de diverses couleurs, de cinq paires de bas de soie, vingt-quatre de fil, de fichus, mantelets et coiffes en mousseline brodée ou unie. La batterie de cuisine en cuivre est nombreuse ; en outre, huit couverts d'argent, six cuillères à café de même métal et plusieurs plats d'étain. Ces inventaires retracent la progression de la richesse dans les familles. D'après l'intérieur de Jeanne-Judith Denis, nous pouvons supposer que celui de son frère devait être plus élégant encore ; le séjour à Paris, le goût et la fortune de M^me Denis avaient contribué à l'embellissement de la maison. Voilà donc une famille bourgeoise qui, malgré l'*ancien régime*, avait depuis deux cents ans augmenté ses revenus et grandi sa position sociale au plus haut point en 1790 ; elle n'était probablement pas la seule.

# XII

Resté après la mort de Jean Denis à la tête de propriétés morcelées, d'un commerce ébranlé par les procès,
la guerre, etc., Jean-Jacques rétablit l'équilibre dans les
affaires et augmente ses biens territoriaux. Il avait pourtant des occupations nouvelles et grandes, avec les affaires de sa femme et des mineurs Brossard; cependant
il parvient à tout diriger et à se donner certaines jouis-
sances. Instruit par l'exemple de son père, nous ne trouvons dans les papiers de Jean-Jacques aucun sac de procès, en dehors de la suite du procès Pons et d'un démêlé
avec l'abbé de Clairac pour la dîme du Léougé.

Très peu après son mariage, se trouvant probablement
trop à l'étroit dans la petite rue de Clairac, Jean-Jacques
se rend acquéreur de la maison noble de Poulard. Elle
avait appartenu à la famille de Salomon, dont M. Denis père
avait géré les propriétés. Cette famille réduite à deux
filles pour la branche de Poulard, le domaine passe, à leur

mort, à un neveu : Haut et puissant seigneur Louis marquis de Goüy, colonel du régiment de Gâtinois, demeurant à Paris, au vieux Louvre, chez M^me la marquise
de Lalande, paroisse Saint-Germain-l'Auxerrois ; ainsi
est-il qualifié sur l'acte de vente passé avec Denis en
1744.

Cet achat coûtait à Denis cinquante-six mille livres; il
lui donnait un certain renom comme possesseur d'un fief,
et droit à certains privilèges attachés à la terre. Mais
pour garder ces privilèges, Denis eut bien des démarches
à faire; il s'informe auprès des Silvestre, auprès de l'abbé
Piazza pour s'éclairer sur les droits de l'abbaye de Clairac; l'abbé répond trois lettres très courtoises (1744),
s'excusant de ne pas posséder suffisamment la langue
française pour s'exprimer comme il le désire ; il invoque
son titre d'étranger et sa réserve habituelle, pour ne pas
se prononcer sur un sujet qui, probablement, lui paraît
épineux.

Peu après l'acquisition de Poulard, Jean-Jacques arrondit
son domaine dans la paroisse de Saint-Brix, en achetant
à M. Fauquier [1], conseiller au parlement de Bordeaux, la
métairie de Fauquier; elle touchait à un bien venant de
Marthe Freron, Lesparres, proche aussi de Poulard et de
Lalande. En 1776, c'est le domaine de Pompeijac, vendu

---

[1] Le père de M. Fauquier avait été avocat de l'abbaye de Clairac; sa
terre était dégrevée pour les services qu'il avait rendus aux abbés.

par noble François Boudon de Pompeijac, écuyer, habitant ledit lieu de Pompeijac, juridiction de Galapian. Ce bien comprenait château, métairie, terres, etc. D'après une lettre d'un abbé, M. Merle, M. Denis paraît avoir payé sur cet achat une rente à M^me de Pompeijac, en dissentiment avec son noble époux. M. Denis complète ses terres dans la paroisse de Saint-Brix par la métairie du Léougé, détachée du fief de Cazenove, 1781; elle lui est vendue par M. Jean Lacroze de Millet, faisant pour : dame Louise-Pétronille, Lançon de Lepon de Lostière. Le fief de Cazenove étant indivis aux mains des filles de M^me Despujols : M^mes Belloc et Bertrand, en procès avec l'abbaye pour les droits, Denis se trouve entraîné dans ce procès comme propriétaire du Léougé. Il est obligé de plaider contre les Belloc et Bertrand, et est condamné, avec l'abbé Anselme, pour les droits sur les lods et ventes. C'est alors qu'il vend sa propriété de Marsac; celle de Pontpayrin avait été engagée pour un temps indéterminé au sieur Trévis; en 1768, Denis la réclame par devant le juge ordinaire de Clairac à un nommé Huguenin qui la détient.

Dès que M. Denis est propriétaire de Poulard, il y réside souvent, charmé de donner à sa femme un logis plus spacieux où elle était entièrement libre. C'est là, sous de beaux ormeaux, aujourd'hui abattus, qu'il recevait ses amis de Paris, ses parents de La Rochelle. Il pouvait, leur faisant admirer la plaine fertile, leur dire

Vue acuelle de Clairac sur le Lot.

comme le marquis de Carabas, en montrant l'horizon
sud-ouest : tout ce que vous voyez est à moi. Du côté de
la rivière, les yeux se reposaient sur des coteaux boisés
ou couverts de vignes, sur Clairac étagé en gradins pit-
toresques, reflétant dans le Lot sa vieille abbaye, ses
restes de remparts, son clocher italien ; ses maisons noir-
cies prenant une teinte d'or bruni sous le chaud soleil
d'août, qui flamboie dans un ciel bleu intense. C'est à
Poulard qu'on venait se régaler de pêches, de muscats,
de prunes et autres douceurs, que M. Denis envoie à ses
parents quand ils ne peuvent venir les manger sous son
toit, et dont leurs lettres nous vantent la bonté. L'intérieur de Poulard répond aux nouvelles exigences de la
mode, les lits sont garnis de soie verte ; c'est sans doute
pour orner ses murs qu'a été achetée une tapisserie peinte
représentant l'histoire de Don Quichotte ; il n'en reste
que la note mentionnant deux dessus de porte et un dessus de buffet.

Pour passer les hivers plus agréablement, être plus à
portée de ses affaires avec les colonies, M. Denis loue,
par l'entremise de M. Delorthe, à M. de la Chassaigne
une maison sur les Fossés à Bordeaux (1763). M^{me} Denis
avait été habituée à voir plus de monde que les Denis
n'en voyaient à Clairac ; elle avait été élevée, avec sa
sœur, en partie à La Rochelle et aux environs ; avec son
premier mari, M. Brossard, elle avait résidé au Havre, à
Rouen, et fait de fréquents séjours à Paris. M. Denis, en

louant une maison à Bordeaux, voulait donner autant
que possible à sa femme la vie dont elle avait eu l'habitude; on se rendait en bateau à Bordeaux, parfois on
descendait plus bas visiter des amis du côté de Blaye.
A Bordeaux, les Denis avaient pour société les Delorthe,
les Laporte, les Jauge; les de Laguehay, eux aussi de
Clairac; les Nairac, qu'un mariage devait allier, une génération après, aux de Léaumont.

Tout en donnant une large part à l'agrément, M. Denis ne cesse de s'occuper beaucoup de son commerce,
comme en témoigne une volumineuse correspondance.
Beaucoup d'anciens correspondants de M. Brossard sont
en relations avec lui; en 1745, M. Bonneau des Gardes
envoie à son cousin Denis une lettre du ministre, M. de
Maurepas, au sujet des escortes à donner aux navires marchands allant aux îles. Le ministre loue dans cette lettre
le zèle de M. Bonneau des Gardes et des autres négociants de La Rochelle. M. Bonneau raconte la perte du
*Fleuron*, vaisseau de la marine royale qui sauta dans le
port de Brest par suite de la maladresse d'un matelot.
Cet accident coûta la vie à plusieurs hommes et au commandant le comte Desgardes, parent des Bonneau.

Nous n'avons rien trouvé de précis touchant la mort
de Jean-Jacques Denis; elle est arrivée, selon nos pro-
balités, en 1788 ou 89; ainsi il eut le bonheur de ne pas
voir la Révolution. En 1790, M^me Denis est veuve; elle
règle en 1791, quelques payements avec son gendre de

Léaumont; deux ans après, 1793, elle rédige une déclaration de son revenu, exigée sans doute par les tyranneaux de Clairac. Cette petite pièce, sur gros papier bleuâtre, est ainsi datée : « 18 janvier 1793 vieux « style déclaration d'Henriette Pomiès veuve Denis. » M^{me} Denis y déclare recevoir une pension de son gendre Javel, une de son gendre de Léaumont et une de son autre gendre de Laguehay, le mari de Poupardille ; sa fille Balguerie lui en sert une aussi, et son fils Brossard Desplantes devait lui en servir, mais il ne peut la payer, ayant été ruiné par la révolte de Saint-Domingue en 1791. Au moment de cette rédaction, tous les enfants de M^{me} Denis vivaient encore, sauf ses deux fils aînés, Brossard et Denis.

M^{me} Denis vivait-elle seule à Clairac dans la maison que son mari lui avait laissée ? Allait-elle à Bordeaux ou chez ses enfants ? Rien de plus ne nous est parvenu d'elle après cette déclaration de revenus ; comme pour son mari, la date de sa mort nous est inconnue.

De la branche des Denis de Clairac, si florissante au moment de la Révolution, il n'est resté que la fille aînée de Jean-Jacques de Léaumont et de Marie-Henriette Lesparilles Denis. Des grands biens territoriaux, que quatre métairies : Lalande, Fauquier, Lesparres et le Léougé. Cette descendante des Denis épouse, en 1822, M. de Suriray de Larue, d'une famille noble de Normandie ayant résidé à la Louisiane ; de ce mariage, deux filles,

encore vivantes. Ici finit pour nous l'histoire des Denis;
de ce nom nous ne connaissons aucun membre, ce serait
d'ailleurs de l'histoire contemporaine, et nous n'avons
pas la prétention de l'écrire.

# APPENDICE

# NOTICE SUR LA FAMILLE FRERON

Les livres, ou plutôt les registres que nous n'avons pu déchiffrer, portent la date de 1515; il nous a paru que c'étaient des copies, ou des mémoires pour la rédaction des actes de l'étude; quelques-uns des articles portent la signature des parties et du notaire Freron; en dehors de ces deux manuscrits assez volumineux, nous ne trouvons d'actes mentionnant cette famille qu'en 1629.

Les enfants de Zacharie Freron, vivant notaire à Clairac (François et Moïse), reçoivent à cette date une donation de Jean Souilhagon, sieur Ducombal, demeurant à Laparade. Souilhagon promet de laisser aux Freron une maison et des terres, pour la bonne amitié qui l'a toujours uni à Zacharie Freron. Le contrat est passé par Carmentrand, notaire. En 1642, François Freron, devenu notaire à son tour, se fait délivrer par le successeur du notaire de Laparade, une copie de ce contrat, pour répondre à Jeanne de Roussannes, veuve du sieur de Villebois, conseiller à la cour présidiale d'Agen. Cette dame faisait un procès aux Freron sur la possession des biens du sieur Ducombal, réclamant une créance due autrefois par une aïeule des Freron, Jeanne Laurent. Ce procès se plaide devant M. Lesparres, juge ordinaire de Clairac, et dure jusqu'en 1645.

En 1644, François Freron épouse la veuve Peyrot, Marthe Bachan. Cette demoiselle avait une fille, Judith, de son premier mari ; elle devait avoir la jouissance des biens de son mari, mais des parents de la jeune Judith prétendent que celle-ci doit rentrer dans la totalité de l'héritage paternel par suite du second mariage de sa mère. Ces revendications donnent des ennuis à François Freron, qui va à Agen et à Bordeaux prendre des informations et des conseils sur les droits de sa femme.

En 1647, Freron reçoit un reçu pour la taille « des hoirs Peyrot de 14 livres sept sols six deniers » ; ce reçu ne comprend pas ce que Freron a payé pour le logement de la compagnie du régiment de la Reine, et ce qu'il a donné pour éviter celui de Mgr le duc d'Anjou. Il y avait toujours quelques passages et séjour de troupes dans cette partie de l'Agenais.

Il est délivré à Freron, en 1647, un reçu des frais du procès de Jean Bachan contre Jean Bonus ; procès jugé à Agen par M. Saffin, conseiller, au lieu et place de M. Becays, conseiller, empêché.

Le 6 novembre 1648, François Freron étant consul avec noble Louis de Lafon, sieur du Cujula, et Jean Chaumel, bourgeois, ces deux derniers promettent à Freron que : vu l'abaissement d'un demi-quart accordé par le Roy sur les tailles, et vu que Freron ne fait pas d'aussi abondantes levées que Rey, collecteur de la ville, il lui sera donné la moitié des droits de collectes des deniers royaux, et la permission de recourir contre

Vieille maison de Clairac.

les taillables et habitants de Clairac. Cette délibération est signée : de Lafon, consul ; Chaumel, consul ; Freron, consul, tant
pour lui que pour M. Antoine de Laguehay, avocat à la cour,
aussi consul.

Avec M. Antoine de Laguehay, Freron emprunte à deux reprises, en septembre et novembre 1650, de l'argent à M. Bro-
cas, docteur en médecine ; l'acte se passe chez M. Dubosc, notaire. Cet argent est rendu plus tard par André et Jean Freron,
fils de François.

Le frère de François Freron, Moïse, avait aussi des fils ; un
de ces jeunes gens est accusé d'avoir insulté sa tante Marthe
Bachan, d'avoir tenu de mauvais propos sur son compte ; toute
une suite de femmes de Clairac, chambrières et autres, sont
citées comme témoins dans cette affaire. L'accusé portait l'épée,
nous ne savons en vertu de quel droit ; les témoins citent le
fait, qu'ayant été contredit dans ses paroles insultantes par une
femme portant un enfant sur les bras, il aurait tiré l'épée dans
sa colère et manqué de blesser l'enfant.

Ce fils Freron et son père paraissent, d'après des notes de
tailleurs, avoir été des élégants de Clairac ; Moïse Freron porte
des bas de soie, un pourpoint rayé, des hauts de chausses
garnis de boutons et de soie en filet, avec trois aunes de
rubans gris, un justaucorps, l'épée avec baudrier ; il ne lui
manque que la dentelle pour être un marquis de Mascarille.
Une autre facture pour Jehan Freron nous apprend qu'on portait dans ce temps des turbans à poil, sorte de chapeau ou de
garnitures pour chapeau, des tours en frisons d'or gris. Ce
Jehan Freron, qui se pare de ces merveilles, est « praticien ».

En 1654, le notaire Freron s'arrange avec une marchande

13

de Clairac, Judith Laporte, s'engageant à ne pas lui réclamer d'honoraires pour des expéditions de testaments, contrats, inventaires de marchandises qu'il a faites pour elle; de même Judith Laporte se reconnaît par là payée du drap et de la soie qu'elle a fournis à Freron.

Moïse Bachan nomme en 1656 François Freron son procureur, dans le procès qu'il a avec les frères Baudon. Ce procès oblige Freron à aller à Agen et à Bordeaux. Il a consigné sur un registre les dépenses faites dans ces voyages; il lui coûte un écu blanc pour une requête à M. de Madailhan et une main-levée; 10 livres au clerc de M. de Montaigne. Freron, en revenant de Bordeaux, arrive jusqu'à Saint-Macaire en «chaloupe»; il soupe à Saint-Macaire et reprend son cheval jusqu'à Tonneins, ce qui lui coûte 5o sols. Sur une lettre de M. de Lartigue il repart pour Bordeaux en bateau.

La fille de M^lle Freron, Judith Peyrot, épouse Joseph Roussannes, sieur de la Gravette, demeurant au lieu de Roussel, paroisse de Lafitte. François Freron achète à M. Roussannes, en 1658, les propriétés de Judith sises au Vaqué; l'acte de vente est passé par Meric, notaire royal. Ce Roussannes, prisonnier pour faute de payement des taxes, emprunte 5oo livres à M. Farinel pour se dégager.

C'est la maison de Zacharie Freron, père de François et de Moïse, qui fut démolie en 1628 sur les ordres du sieur de Belmon, commandant la citadelle. Cette maison s'élevait à cent pas du fort «dans la ville vieille»; c'était une belle maison qu'on remplaça aux Freron par un emplacement non bâti hors de la ville. En 1657, le fort et la citadelle étant détruits, les fils Freron réclament leur ancien emplacement pour y rebâtir, trouvant

Petite rue aboutissant au Fort.

insuffisante l'indemnité donnée. Après délibération du conseil de la ville, leur demande est repoussée, vu que la place du fort étant convertie en promenade où les habitants de Clairac trouvent de l'agrément, on ne veut pas laisser réédifier en cet endroit. La place du fort existe toujours comme place et la citadelle devait se trouver à peu de distance, dans la direction des champs, compris aujourd'hui entre la route de Tonneins et celle d'Aiguillon. Une terre sise en cet endroit porte encore le nom de bastion.

Les marchandises, les denrées s'échangeaient même, contre des actes notariés ; nous voyons un compte dû à Freron, soldé presque entièrement, en 1665, en marchandises diverses ; le reste du payement lui est compté en 1672 en argent. La famille Freron avait pris à Clairac une certaine prépondérance ; beaucoup de lettres sont adressées à « Monsieur, Monsieur de Freron », témoignage de courtoisie accordé à leur honorabilité.

En 1666, François Freron est chargé par le sieur de Monat de payer à M. de Favières, beau-frère de Monat, 150 livres en louis et demi-louis d'argent ; M. Favières signe un reçu. La métairie du Pech, appartenant à M. d'Espaignols, est affermée par Freron ; il paye la taille pour le propriétaire. En 1668, la grêle ayant ravagé les hauteurs du Pech, Freron fait faire une estimation des dégâts par quatre jurats et consuls de Tonneins et de Clairac : Samuël Faget, jurat de Clairac ; Mamon, marchand de Clairac ; M. de Bourillon, jurat de Tonneins dessus, et M. de Raymond, consul ; ces quatre messieurs signent le procès-verbal avec Freron et d'Espaignols. Ce nom de Raymond, inconnu à Clairac de nos jours, ne se trouve que sur un autre acte.

Comme notaire et peut-être sous-fermier des dîmes temporelles de l'abbaye, Freron reçoit des reçus pour de l'argent versé à l'abbaye; deux de ces reçus sont signés « Chambon « pour M. l'abbé»; un autre est du procureur de l'abbaye, Mallère; un daté de 1670 porte « en l'abbaye de Clérac Ph. Se-verin»; c'est le chanoine économe probablement. Freron garde aussi des dépôts, comme en témoigne un reçu, dont la signa-ture est illisible, donné en retour d'une aiguière, deux chande-liers en étain, deux chaudrons et une tourtière en cuivre. M. de Blavignac, en 1671, se plaint de la cherté de la procédure en réglant les honoraires de Freron pour le partage fait entre la mère de Blavignac, lui, et les hoirs de Poudepé.

François Freron est avocat en même temps que notaire; il a des alliances dans les deux classes de la société, si nous en jugeons par le procès avec les Roussannes, ses parents, et par ce compte de l'épicier Laporte où il est dit : « Fourni au cou-« sin Freron » tant d'huile, tel jour du fromage, du savon, reçu du cousin Freron, etc.

D'après un reçu de lods et ventes dans la paroisse du Vaqué, délivré à Marthe Bachan, 1672, nous avons supposé que Fran-çois Freron mourut à cette date ; cependant c'est en son nom que l'année suivante, des réclamations sont faites au sujet de son étude. Ce reçu de 1672 pour la veuve Freron, porte remise de six livres pour dommage de grêle éprouvé par les héritiers Freron. En 1673, les Freron acquittent la dîme avec un agneau.

C'est au mois de novembre 1672, qu'un acte passé par Car-mentrand, notaire, signifie aux héritiers de Dubosq, ancien no-taire de Clairac, d'avoir à payer la taxe requise par le roi pour les offices de notaire, sinon François Freron, notaire supprimé, va l'acquitter et jouir de nouveau de tous les biens et privilèges de l'office. Les héritiers de ce Dubosq sont: Labadie et deux demoiselles *Card;* pourquoi Freron avait-il été supprimé? Était-ce manquement aux devoirs de sa charge, faute à lui de payer les taxes ou à cause de sa religion ; d'après ce que nous savons de lui et de sa famille, nous pensons, en rapprochant la date de l'acte de novembre et du reçu délivré à Marthe Ba-chan, que sa mort et la religion qu'il professait sont causes de cette interruption, peut-être aussi une taxe en retard. Au reste, cette suspension n'est pas de longue durée; en 1673, Freron ou ses héritiers présentent une requête, pour rentrer dans leurs privilèges, à Mᵍʳ de Seuc, seigneur de Châtillon-le-Roi, Isy, Grigneulle, etc., conseiller du roi et son commissaire en la gé-néralité de Bordeaux. Cette requête est appuyée par Chotard, employé au recouvrement des taxes du notariat; Mᵍʳ de Seuc y donne satisfaction et signe l'arrêt qui réintègre Freron dans sa charge. D'après ce que nous savons des usages de ce temps, il est probable que la veuve et les fils de Freron agissent sous le nom du père décédé, pour conserver l'étude ; les enfants n'ayant peut-être pas l'âge pour la gérer, ils la faisaient diriger par un praticien ou un clerc de leur parenté.

Un des fils du notaire fait en 1675, une escapade hors de Clairac et se laisse enrôler à Bergerac. L'ayant trouvé en cet équipage, deux bourgeois de Clairac, MM. Chaudruc et Bal-guerie du Metge, se représentent la douleur des parents Fre-ron quand ils sauront leur fils militaire; ils vont prier M. Mestre, bourgeois de Bergerac, de tirer le jeune homme des mains des racoleurs. M. Mestre réussit, avec le concours de M. de La-grange, à faire « déroller » le jeune Freron, ce qui leur coûte cent livres. M. Mestre écrit toute l'affaire au père, et après avoir admonesté le jeune étourdi, il le renvoie à cheval, sous la conduite d'un homme. Au dos de la lettre de M. Mestre se trouve la quittance des cent livres remboursées par Freron.

L'année 1677, Freron emprunte à la demoiselle de Loches, veuve de Jacques Martin, sieur de Béziat, la somme de quarante livres, de moitié avec Jean Freron, son fils, et Belloc, chirurgien. En 1679, ayant payé les intérêts, il en reçoit un reçu signé de Marie Martin, Jeanne et Élisabeth Martin, Salomon de l'Isle; la mère, les filles et le gendre.

Une sœur du sieur de Béziat, Anne de Martin, veuve de Jehan de Laguehay, figure sur une liste de personnes ayant accepté des testaments sous bénéfice d'inventaires, 1679. Elle habite près de la Sauvetat, la terre noble du Cause. Sur cette liste se trouvent aussi un Balguerie, Judith Geneste, veuve de Pierre Carmentrand, habitant Laparade; Lafargue, sergeurs.

Freron avait aussi des filles, dont une épouse Charetie, marchand de Lafitte; Bachan lui envoie des marchandises : bouteilles, savon, muscade, etc. Le fils Freron (Jean) sous-affermait les dîmes avec Daniel Mérignac et Bachan. Leurs affaires pécuniaires cependant n'étaient pas toujours prospères; en 1682, M. Labat de Cambes écrit au notaire pour lui réclamer cent trente-cinq livres; il menace de poursuivre devant les tribunaux si Freron ne le rembourse pas. M. Chaudruc, dont il a été question dans l'aventure à Bergerac du jeune Freron, lui écrit en 1677, le traitant de cousin; il le prie de présenter ses respects à sa belle-mère et à sa femme. Ce Freron doit être le mari de Judith Lesparres, fille du juge de ce nom et d'une demoiselle Geneste; leur fille à eux, épouse Jean Denis en 1700 ou 1701.

Ce n'est qu'en 1682 que nous avons la certitude du veuvage de Marthe Bachan, femme de François Freron; l'aîné de ses fils, le continuateur, croyons-nous, de l'étude, est à Clairac; l'autre vit à Bordeaux; il est marié. Il écrit à sa mère, réclamant de l'argent pour un chapeau et de la laine; il l'avertit qu'il a écrit à son frère par l'occasion de M. Aché de Lafitte; il signe « de Freron ». La lettre à sa mère est confiée aux bons soins de M. de Passalaigue de Montflanquin. Sa mère lui fait une pension; il la réclame en 1683 par l'entremise d'un notaire, M. Batailh; sa femme, M^{lle} Freron, doit en donner le reçu. Dans l'année 1684, Freron donne à sa mère, quatre ou cinq reçus d'avances faites sur la pension qu'elle lui sert. Ce Freron doit être André, qui, en 1680, avait séjourné à Bergerac chez M. de Passalaigue, pour apprendre « en sa boutique à débiter les « marchandises »; il semble y avoir surtout appris la dépense, le goût des « chapeaux Codebet », de la mousseline et des rubans. Il eut une longue maladie qui l'arrêta à Montpazier; M. de Passalaigue fournit à toutes ses dépenses et réclame le remboursement à M^{me} Freron mère en 1685. C'est devant le juge de Clairac qu'il porte sa réclamation, faisant élection de domicile chez son beau-frère Meric, ancien notaire, rue de la Puzoque; M. de Passalaigue agit tant pour lui, que pour un autre beau-frère, M. de l'Estang. M^{me} Freron ne devait plus qu'une partie de la somme.

Nous retrouvons André Freron en 1685, à Montpellier dans l'armée, avec un M. de Malvin ou Malain (nous avons vu ce nom dans l'histoire des Denis). André écrit à son frère le notaire en parlant de ce M. de Malvin : « Il est fort honnête « homme, s'il ne me fait point de bien, il ne me fera pas de mal.»

Il demande des nouvelles de Clairac et en donne de ceux de cette ville qui sont au régiment avec lui ; entre autres personnages il nomme un Belloc, qui, dit André, « a quitté la banette « et le rasoir pour venir chercher des galons et n'a trouvé que « de l'eau pure, ce qui n'est pas son fait ». D'après cela, nous supposons qu'André Freron était retombé dans les mains des racoleurs et qu'on l'y avait laissé ; nous n'avons plus rien trouvé qui le concerne à partir de cette date.

Jean Freron, l'autre frère, cumule les fonctions de notaire avec celles de marchand ; nous le voyons en 1684 en correspondance avec M. Turrel, de Marseille ; ce négociant le prie de faire ouvrir son magasin à Clairac pour recevoir les tabacs, de prévenir Lafargue, afin de ne pas manquer une vente ; il envoie de l'argent en même temps. En 1686, M. Turrel écrit de Toulouse pour un procès qu'il a avec M. Sageran ; Freron s'en occupe. Caubet est aussi en relations commerciales avec Freron ; il est à Bordeaux et demande au notaire de le remettre bien avec son beau-frère Charetié ; ils se sont brouillés pour la bagatelle d'un prêt ; Caubet préfère perdre ce prêt que l'amitié de Charetié ; toutefois qu'en les raccommodant Freron n'avance rien qui puisse être préjudiciable à Caubet.

Les Freron payent encore en 1686 la taxe pour l'étude de Jean Dubosq ; c'est le sieur Chalbel qui est chargé de ce recouvrement ; en envoyant le reçu, il prie M. Freron de réclamer au sieur Duthil les deux louis dus par M$^{me}$ d'Halot, sur son échange avec le sieur Nebout. Chalbel avertit que si l'argent ne lui est pas porté sous peu, il rompra le traité.

Le mariage de Jean Freron avec Judith Lesparres est de 1674. Grimard, curé de Clairac, lui délivre en 1686, sans doute pour conserver l'étude, un billet de confession ; il est déclaré sur ce billet que le sieur Freron, nouvellement converti, a satisfait à ses devoirs pascals. Ce n'était qu'une apparence, nous avons vu dans l'histoire des Denis que l'Église refusa la sépulture à Jean Freron, ne le reconnaissant pas pour une de ses ouailles.

Un Daniel Freron, neveu ou oncle de Jean, fait le commerce des vins avec la Hollande en 1686. Jean, Joseph et André Freron, fils, croyons-nous, de François, se voient mis en demeure en 1688, par M. Labat de Vivens, de lui payer une dette de Marthe Leabus ; le père Freron s'était porté caution pour cette femme par contrat d'obligation.

Jean Freron arrête en 1689 ses comptes de fermier des dîmes de Galapian ; il était associé, pour les faire rentrer, avec Orliac, Thore et Pomeyrol. Freron se trouve en avance sur ses collègues, qui doivent payer le complément au sieur Denis, conseiller clerc, et au curé de Galapian. Ce Denis doit être le fondateur de la branche de Bordeaux. Cette même année, Freron passe une police avec un sieur Nègre pour l'office de notaire. L'année précédente, il avait fait poursuivre M. Labat de Vivens devant la cour d'Agen, pour avoir saisi Mérignac, débiteur de Freron ; ce procès se continue jusqu'en 1694. M. Carrié est le procureur de Freron.

Comme marchand, Freron s'associe avec le notaire de Saint-Pairolle, paroisse de Galapian, M. Batailh. Ils achètent et vendent du vin ; en 1690, les frères Carmentrand leur réclament cinq cent cinquante livres dues sur un achat de vin ; ils envoient une assignation à Freron et à Batailh. Freron répond par un acte notarié qu'il a payé sa part et que la réclamation ne con-

*

cerne que Batailh. Sur cet acte il est qualifié : « bourgeois et
« marchand et notaire royal de Clairac » ; son collègue : « Louis
« Batailh, bourgeois et marchand et notaire royal à Galapian »;
ces deux fonctions n'avaient alors rien d'incompatible. Comme
notaire, Freron instrumente pour son beau-père Lesparres,
contre un métayer sortant. Le mémoire écrit pour cette affaire
nous apprend que, le colon quittant la métairie était tenu d'y
faire tous les labours d'usage, et de payer pour ceux qu'il
n'avait pas faits ; nous voyons aussi par un bail de 1702, passé
entre Freron et son métayer Barbecanne, que les conditions
des colons n'ont guère varié en Agenais depuis un siècle.
Freron se réserve les amandiers et les pommiers. En 1721 il
arrête un compte avec le même Barbecanne, qui reste lui devoir pour différentes avances la somme de cent trente livres.

Par sa parenté avec les Geneste et Lesparres, Freron est en
relation avec les Saffin, bourgeois de Laparade ; un des membres de cette famille était conseiller à Agen. La femme de
Freron, Judith Lesparres, réclame en 1692 l'entrée en possession de l'héritage de son père, sa mère Marie Geneste, ayant
renoncé à sa part de succession. De son mariage, Freron avait
eu, à notre connaissance, trois enfants, deux filles et un fils ;
celui-ci mourut en pleine jeunesse en 1694 ; les deux filles épou-
sèrent, une M. Denis, l'autre M. Beau.

Les études de notaire étaient soumises aux trésoriers de
France ; cette charge se donnait souvent à des personnes ne
résidant pas dans la ville à laquelle elle appartenait ; ainsi Ra-
cine était trésorier de France pour la ville de Moulins ; jamais
il n'y a demeuré. Ces trésoriers avaient sous leurs ordres des
greffiers, et ceux-ci des commis ; les commis faisaient des tour-

nées dans les offices de notaire dépendant de la ville de leur trésorier. Autant que nous avons pu en juger, ces tournées n'étaient pas fréquentes ; un commis inspecteur passe en 1699 à Clairac, il laisse chez Freron une attestation de la visite des papiers de l'étude depuis l'année 1696. L'attestation porte que le commis a pris des extraits des contrats jugés nécessaires pour la liquidation du domaine de Sa Majesté.

Nous avons vu plus haut que Judith Lesparres réclamait en 1692 l'héritage paternel; en 1702 elle a une contestation à ce sujet avec son beau-frère Jean Casse ; il dénie aux Freron la possession de certaines propriétés de Jacob Lesparres et n'est pas d'accord pour la résidence de Marie Geneste, sa belle-mère. Ce procès dure jusqu'en 1721, l'arbitrage de MM. Labat de Vivens et de Maleprade, sieur de la Bordeneuve, tous deux avocats à la cour, le termine. Jean Casse est obligé de prendre sa belle-mère chez lui, et Freron lui paye une part de nourriture.

Une des trois maisons que nous avons vues en propriété à Denis, doit venir de l'acquisition faite par Freron en 1711. Cet immeuble, situé « dans la rue qui va de la place au temple et « sur celle du pressoir d'huile », appartenait à Isabeau Casse, veuve d'André de Vaynes ; elle l'engagea à Freron, sol et dépendances, pour trois cents livres, avec faculté de reprendre le tout au bout de trois ans, si elle pouvait rendre les trois cents livres. Au cas de non-remboursement, la maison devait rester à Freron ; cet arrangement, passé devant notaire et témoins, n'empêche pas les trois filles de la veuve de Vaynes de réclamer l'immeuble aux filles de Freron en 1741; pendant plusieurs années cette affaire ennuya M. Denis et sa belle-sœur, M^{lle} Beau.

Jean Freron, neveu du notaire, procureur, signe en 1715 un

bail dit d'apprentissage, avec M. Roussannes de la Gravette. Il s'engage par ce bail à passer aux îles, sur les propriétés de Roussannes, pour apprendre, pendant trois ans, à raffiner le sucre. Il y resta plus de trois ans; en 1741, sur la demande de la veuve Roussannes, Denis retire ce bail pour quelque nouvel arrangement entre les parties. Ce Freron, procureur, devait avoir d'autres frères; mais après la mort du notaire, survenue, comme il a été dit dans l'histoire des Denis, en 1721, nous ne savons plus rien sur cette famille en dehors de M^me Denis et de sa sœur; les neveux ne paraissent plus dans la querelle pour l'étude.

Freron mourut, croyons-nous, à Margouls; en tout cas, sitôt après son décès, sa veuve transporta dans cette propriété tous les papiers du notariat; beaucoup ont dû par suite de ce transport, s'égarer ou être détruits. D'après les fragments de l'inventaire, nous voyons que les papiers du père de Freron et de ses prédécesseurs, étaient enfermés dans des coffres. Nous avons dit ailleurs les réclamations et procès que les mesures de la demoiselle Freron lui attirèrent; comment l'expédition illicite des actes amena le procès entre ses filles, leurs efforts pour garder l'étude et le règlement définitif de la question avec Chaumel.

Voici un document qui nous a éclairé sur les manœuvres de Chaumel: «De ce qui a été dépensé pour la cause commune «à l'occasion Paul Chaumel concernant l'office de notaire de «feu M. Freron.

«Le 19 août 1727, donné au cardeur pour aller à Agen qué-
«rir la quittance de joyeux avènement   .   .   .   1 liv. 15 sols.

« 20 dudit, pour la quittance de joyeux avène-
« ment. . . . . . . . . . . . .    25 liv.

« Pour l'acte fait audit Chaumel, papier, con-
« trôle et signification. . . . . . . . . .    1 liv. 10 sols.

« Pour la législation du certificat de M. le curé    15 sols.

« Papier . . . . . . . . . . . .    1 liv. 8 sols.

« 21 dudit, pour le voyage de celui qui est allé
« à Mombran . . . . . . . . . . .    2 liv.

« Papier timbré dud. certificat . . . . . .    1 liv. 8 sols.

« Pour port de lettre envoyée à M. Lenoir à
« Paris. . . . . . . . . . . . .    31 liv. 3 s. 4

L'addition n'est pas faite, mais d'après la teneur nous comprenons qu'elle regarde Chaumel; c'est lui, en effet, qui produit
un certificat du curé attestant que « le défunt étant nouveau
« converti et ne faisant pas son devoir, le curé lui a refusé terre
« sainte ». C'est aussi lui qui prend l'appui de l'évêque d'Agen,
dont Mombran est la résidence d'été.

Pour terminer ces quelques renseignements sur les offices
de notaire, nous copions un reçu sur parchemin, délivré à
M. Moïse Mérignac en 1633 par M. de Vassan. Les lignes sou-
lignées sont imprimées dans l'original, les autres sont écrites
à la main.

*J'Ay Recev de* M. Moyse Mérignac
*la somme de* vingt livres . . . . . . . . . . .

*A quoy a esté taxé l'Office de Notaire Royal heréditaire à* Clay-
rac pour ce qui a esté dû . . . . . . à luy . . . . . . .
ledit office fera lui en jouir de André Caussines qui . . . . .

    *Exercé par Matriculle et Commission du* senéchal d'Agenois
                              *avec pouvoir de résigner ledit Office*
*ainsi que font les autres Officiers pourvus par Sa Majesté:*
*Duquel Office ledit* Mérignac *a été pourveu.*

*Fait le* dixième *jour de* décembre *mil six cens trente trois.*

    *Quittance du Trésorier des parties Casuelles, pour servir
aux Offices de Notaires exercés par Commission et Matri-
culles des juges en l'estendüe du Parlement de Bourdeaux.*

                                        DE VASSAN

# NOTES SUR LA FAMILLE BROSSARD

———

La famille Brossard de la Poupardière, en dehors de ses propriétés de l'Aunis, dont nous avons parlé, avait des raffineries
aux environs de Léogane, à l'île Saint-Domingue. Les Brossard
étaient nombreux, et les biens de France ne leur donnaient pas
de quoi subsister avec aisance : l'aîné des Brossard mourut,
laissant plusieurs enfants jeunes à sa veuve. Il avait sans doute
déjà fait le commerce ; sa veuve le continue et envoie son fils
aîné, celui qui nous occupe, en Amérique, de très bonne heure.
Il prend la tête des sucreries de Léogane ; il y reste de 1710 à
1729. Nous avons de lui de longues et nombreuses lettres à sa
mère. Elle était restée à Saint-Hilaire avec deux autres enfants,
Brossard Deschaignées, qui se maria dans les environs, et une
fille, qui épousa M. de la Bironnière. La mère, M^me Brossard,
était dans une situation des plus gênées ; ses enfants auraient
voulu vendre le fief de La Poupardière, qui probablement leur

était une charge, mais l'aîné, qui en portait le nom, s'y oppose absolument; nous ne savons ce qu'il en advint.

Pendant son séjour à Léogane, le jeune La Poupardière épousa une femme créole, trois fois veuve; il eut, après la mort de cette personne, beaucoup d'ennuis d'une fille qu'elle avait eue d'un de ses premiers maris, à cause de l'héritage. Il finit par se débarrasser des poursuites des parents, et après une vingtaine d'années passées aux colonies il arrangea ses affaires pour rentrer en France. Il laissa ses propriétés aux mains d'un directeur, et revint avec le projet de faire le commerce avec les produits des îles.

Nous ne savons par quelles raisons M. Brossard n'établit pas sa demeure à La Rochelle, où sa mère avait habité, où il avait des parents, les Bonneau des Gardes; revenu en France, il voyagea à la recherche de la ville de commerce où il pourrait réussir le plus facilement. Lyon, Marseille, Montpellier eurent sa visite; il passa même en Hollande, séjourna à Amsterdam et à Rotterdam, où il connut les Brinihol et une famille Dumont. Il revint à Paris, alla à Rouen et se décida à se fixer au Havre. Il eut beaucoup de peine à fonder une maison dans cette ville; les protestants y étaient fort mal vus. Le gouverneur, M. de Saint-Aignan, et les échevins ne voulaient pas de religionnaires dans leur ville, et leur interdisaient le commerce. Pourtant après bien des suppliques, des lettres, M. Brossard loue une maison et établit des relations commerciales avec des familles du Havre: les Begouen de Meaux, les Foache. Les descendants de ceux-ci ont laissé sur la place du Havre le souvenir d'une honorabilité et d'une droiture rares en affaires. Au commencement du XIXe siècle, un chef de cette famille, entraîné par les

désastres commerciaux, vit sa position perdue ; en même temps
il faisait perdre à plusieurs négociants ; ses enfants, en prenant
la succession de leur père, tinrent à honneur de payer inté-
gralement les dettes ; elles ont été complètement remboursées
à la seconde génération. Ce fait, souvent cité au Havre, pourrait
l'être dans toutes les villes de commerce.

Un peu avant de se fixer au Havre, M. Brossard épouse
Mlle Henriette Pomiès, sœur de Mme Van Laan. Depuis son retour des colonies, il cherchait à se marier ; il a une longue correspondance avec un M. Picard, de La Rochelle, à ce sujet.
Comme nous n'avons que les lettres de M. Picard, et que les
personnes dont il parle sont désignées par des pseudonymes
avec un certain mystère, nous ne pouvons tout comprendre ;
il nous a paru cependant que le mariage avec Mlle Pomiès
n'avait eu lieu qu'après beaucoup de difficultés ; pendant longtemps on avait refusé de faire la connaissance de M. Brossard,
un autre prétendant même menaçait de l'emporter. Ce fut
La Poupardière qui triompha cependant, il emmena sa femme
au Havre. Ils eurent quatre enfants. Malgré les traverses que
subit son négoce par les tracasseries des échevins du Havre,
M. Brossard put prendre avec lui le fils aîné de son frère Bros-
sard-Deschaignées, jeune homme si raisonnable que M. de La
Poupardière le désigna, malgré son jeune âge, pour tuteur de
ses enfants ; ce fut ce Brossard qui alla aux îles diriger les
propriétés, après la mort de son oncle.

Presque tout le temps de son séjour au Havre, M. de La Poupardière fut en butte au mauvais vouloir des échevins ; une
fois ils voulaient, en plein hiver, le mettre hors de la ville avec
une femme malade et des enfants tout petits ; M. de La Poupar-

dière pensait à se réfugier à Honfleur, puis il prit patience et on le laissa tranquille pour un temps. Il avait des correspondants à Rouen, à Tours. A Paris il avait des cousins germains de son nom qui étaient négociants. Aux colonies il a de nombreuses relations avec des propriétaires de Léogane, de la Petite-Anse; sur son journal nous avons relevé le nom de Galiffet. Ses plantations de cannes, deux ou trois moulins, une fabrique d'indigo entretenaient de nombreux esclaves. Ses produits lui arrivaient à La Rochelle, au Havre, et le servaient dans son négoce. Mais son long séjour aux colonies, puis les inquiétudes de son établissement au Havre altérèrent sa santé; il eut, en 1741, une maladie qui le mit aux portes du tombeau. Il se remit un peu; ce mieux ne dura que quelques mois, au bout desquels une attaque l'emporta dans son domicile du Havre. Sa veuve eut beaucoup d'amis empressés à la consoler, mais la difficulté de vivre dans une ville dont les conducteurs lui étaient hostiles, lui fit chercher un refuge à Paris. Nous avons vu ce qu'elle y devint.

www.ingramcontent.com/pod-product-compliance
Lightning Source LLC
Chambersburg PA
CBHW070810270326
41927CB00010B/2378